公共管理理论与实践的探索

曾凡清◎著

吉林文史出版社

图书在版编目（CIP）数据

公共管理理论与实践的探索／曾凡清著．-- 长春：

吉林文史出版社，2024.8. -- ISBN 978-7-5752-0540-5

Ⅰ. D035-0

中国国家版本馆 CIP 数据核字第 2024GX6757 号

GONGGONG GUANLI LILUN YU SHIJIAN DE TANSUO

书　　名　公共管理理论与实践的探索

作　　者　曾凡清

责任编辑　张　蕊

出版发行　吉林文史出版社

地　　址　长春市福祉大路 5788 号

网　　址　www. jlws. com. cn

印　　刷　北京四海锦诚印刷技术有限公司

开　　本　710mm×1000mm　1/16

印　　张　12.75

字　　数　199 千字

版　　次　2025 年 3 月第 1 版

印　　次　2025 年 3 月第 1 次印刷

定　　价　58.00 元

书　　号　ISBN 978-7-5752-0540-5

前　言

在全球化、信息化、网络化的时代背景下，公共管理作为社会和谐稳定的重要基石，其地位越发重要。社会的快速发展带来了治理结构的深刻变革，公共管理不仅要维护公共利益，还须确保社会公平与正义。面对日益复杂的治理环境和层出不穷的新挑战，公共管理理论与实践的创新显得尤为迫切。为此，要深入探究公共管理的本质与特征，明确其任务与对象，并结合时代特点，研究其理论支撑、运行过程及方法技术，以推动公共管理不断向前发展。

本书围绕公共管理理论与实践展开探索，首先，从公共管理的本质和特征出发，厘清公共管理的核心任务及其服务对象，并通过与私人管理对比，进一步明确公共管理的独特性和重要性。其次，回顾公共管理的理论发展历程，特别是新公共管理理论的兴起，为理解现代公共管理提供重要的理论支撑；在公共管理的实践过程方面，详细解读公共决策的科学化发展、行政执行的具体步骤及公共项目评估的关键环节。再次，本书还特别关注公共部门的人力资源管理和绩效管理。在人力资源管理方面，概述公共部门人力资源管理的职能和激励机制，并探讨数字化转型给人力资源管理带来的变革；在绩效管理方面，深入分析公共部门绩效管理的概念、过程和方法，并探索数字技术在绩效管理中的创新应用。最后，研讨公共危机管理与复合治理策略，分析公共危机管理的一般流程与系统，并讨论新媒体在危机管理中的应用。在复合治理策略方面，探究如何通过多元化的治理手段有效应对公共危机，保障社会的稳定和发展。

从整体结构上来看，全书从理论到实践，全面铺开论述，内容系统且有层次，涵盖相当多的理论知识与设计方法，并在写作的过程中更加突出了以下的特点：一是在内容上具有全面性，涵盖公共管理理论与实践探索的多方面知识；二是在实践上的适应性，能够使读者在阅读的过程中产生立体感，在公共管理理论与实践的探索方面具有指导性的作用，适合各个阶段的人群；三是在写作上的规范性，做到内容清晰、理论规范、章节合理、逻辑严谨；四是提出了公共管理理论与实践的可持续性，大胆创新，认真实践，科学地阐述了今后的发展道路，给读者启示。

　　本书在编写过程中参阅了部分学者的相关资料，在此表示最诚挚的谢意！由于作者的水平有限，书中难免有疏漏或不妥之处，恳请各位专家、同行及广大读者给予批评和指正。

作　者

2024 年 5 月

目 录

第一章 公共管理基础及主体分析

第一节 公共管理的本质与特征

一、公共管理的本质

(一) 公共管理的含义

公共管理，本质上是对公共领域事务的治理与调控，这是政府的核心职责之一，旨在为广大民众提供服务，确保社会的稳定与和谐。它涵盖了社会公共组织及其他各类组织，其核心目标在于推动社会的全面协调发展，并促进社会公共利益的实现，这对于国家的和谐稳定与持续发展具有不可或缺的重要性。公共管理涉及的社会活动主要包括以下四个方面：主体是负责执行公共职能的组织；客体是广泛的社会公共事务；根本目的是实现并维护公共利益；而运作过程则是对公共权力的有效运用与管理。

"公共管理是指以政府为核心的各类公共管理组织以有效提供公共物品和公共服务、促进公共利益最大化为宗旨，依法对社会公共事务进行管理的活动。与传统公共行政不同，公共管理的主体不再只局限于政府，还包括非政府公共机构；公共管理的客体不仅仅是政府内部事务，还包括社会公共事务和公共服务。公共管理不仅关注政治与行政的关系，也注重经济学、管理学的理论及企业管理经验的引进；公共管理不仅关注政府运行，也关注其他公共管理主体的活动及其与外部环境的关系。从以上不难看出，公共管理作为一种具有明确公共利益指向的管理形态，是人类社会发展水平及与文明进程直接相关的管理模式深刻变化的反映。"①

（二）公共管理的内涵

公共管理的内涵可以从以下四个方面来理解。

第一，公共管理的主体主要由以政府为核心的公共组织构成，这些组织以非营利为首要原则，专注于社会事务的管理与服务。除此之外，非政府公共组织和广泛的社会自治力量也构成了公共管理主体的重要组成部分。它们与政府密切合作，共同承担公共事务的管理工作，直接致力于公共利益的实现。然而，在公共事务的处理过程中，近年来出现了将部分事务外包给私人组织的现象。尽管这些私人组织在合同契约的约束下参与公共产品或准公共产品的生产，但它们的出发点是盈利，因此，在性质上并不属于公共管理的主体范畴。它们更多的是公共服务的合作伙伴或执行者，而非公共管理的直接主体。

第二，公共管理的客体是公共事务。"公共事务指涉及社会公众整体的生活质量和共同利益的社会事务。具体而言，在一个社会中，公共事务是个人、家庭和企业所不愿做也做不了的，但对整个经济社会的发展有着深刻影响的，公民基本生活中必不可少的事务。公众社会生活的领域十分广泛，公共事务的内容亦十分广泛，它可以是有形的产品，如国防、道路、桥梁等公共设施，也可以是无形的产品，如法律、规章制度政策、环境保护、天气预报及意识形态等。由于公共事务是与每个公民的利益而非某个特殊利益集团的利益相关的事务，所以它表现出两个显著特征，即它是与公共利益直接相关的，其受益对象是社会公众。"②

第三，公共管理的手段是依法行使公共权力。公共权力来自民众的授权。公共权力的运行方式是多样的，概括地说，主要是由政治的、法律（政策）的和管理的三个方面构成。近代以来的社会治理过程由于专业化追求，往往把政治的、法律（政策）的和管理的手段隔离开来，由不同的部门突出运用其中某一手段。自公共管理兴起以来，社会环境的复杂性和不确定性迅速增长，几乎所有具有新

---

① 王伟，黄晓艳，于淑娟. 公共管理服务与金融经济发展研究 [M]. 长春：吉林人民出版社，2022：1.

② 楚明锟. 公共管理导论 [M]. 武汉：华中科技大学出版社，2011：2.

的历史特征的公共事务都需要综合运用政治的、法律（政策）的和管理的手段来加以处理。所以，公共管理的手段可以定义为：在法治的基础上通过公众参与的途径高效地提供高质量公共服务的科学方法。也就是说，依法治理、民主行政和科学管理是公共权力行使手段的三个最为基本的方面。当然，在具体的公共管理过程中，公共管理的手段会呈现出多样化的特征，也要求公共管理者自觉地进行方式方法上的创新，但是，依法治理、民主行政和科学管理这三个方面被作为一项统一性的原则是必须贯彻到一切具体的公共管理过程中的。

第四，公共管理的核心目的在于维护和提升公共利益，这主要体现在提升社会治理效率、推动社会进步及确保社会发展成果的全面共享。公共管理的目标构成了一个多层次的结构体系，其最终目标是推动社会进步和增进公众福祉。为实现这一目标，所有公共管理主体都应在确保社会公平的基础上，努力提升效率，持续改进公共服务供给能力，并重视服务效果与质量。就政府而言，应着重关注基本公共服务的均衡供给，确保每一位公民都能享受到均等的服务。对于非政府公共组织和其他社会自治力量，除了积极参与本区域和本领域的自我管理外，还应及时有效地向政府传达社会各界的利益诉求。无论是政府，还是非政府公共组织和其他社会自治力量，都应以积极合作的态度，在公共管理过程中共同构建公共服务供给的协作关系。

二、公共管理的特征

公共管理是一种管理社会公共事务的活动，简单来说，就是一种为公众谋福利的活动。这一性质决定了公共管理应当具有以下特征。

（一）公共性

公共性是公共管理的最重要的特征。

首先，公共性指的是一种公共精神，具体表现为：第一，民主精神。这里涉及作为管理主体的政府的合法性来源问题。现代政府的权力来自人民的授予，这就决定了政府的公共管理活动的宗旨是为人民服务，人民需要最大限度地参与公共管理，并且是这一公共管理活动的最终评价者。第二，法的精神。公共管理活动必须依法进行。宪法、法律和规章制度是公共管理活动的依据，任何不符合法律和规章制度的管理活动在程序上都是不能被接受的。第三，公平和公正的精神。公共管理要维持社会的公平和公正，因为公平和公正是社会得以稳定运转的一个基本条件。公平地处理社会公共事务必须在制定公共政策时考虑："这是个人的公平、分部化的公平还是集团的公平？它是直接的公平，还是手段的或预期的机会公平？"就公正而言，必须承认社会公民具有平等的权利，并对这一权利加以保护，这一权利不能受到公权力的侵害。事实上，这也是宪法的精髓所在。第四，服务精神。公共管理的本质是服务，服务于社会公众。服务不仅仅体现在公共服务和公共产品的提供上，而是体现在政府的所有活动中。这要求政府部门的公务人员具有天下为公的情怀、敬业的精神及优秀的办事能力。

其次，公共管理还体现为一种公共理性，它承担着培育品德高尚公民的重要功能。在当今社会，随着公众对公共管理参与度的提升，公民品德的重要性越发凸显。有什么样的公民就有什么样的政府，一个优秀的政府必然有一群它所代表的高素质公民。高尚的公民应具备以下四个特征：第一，拥有出色的判断力，能够基于法律和原则对公共政策做出明智的决策；第二，对政体及其价值有着坚定的信念，愿意承担个人的道德责任，并在政体价值受到威胁时挺身而出；第三，具备容忍和宽容的操守，明白对制度过高的期望可能会损害人民的自由；第四，懂得宽容，不会通过道德对话来压制不同意见的表达，但会坚决制止那些损害政体价值的行为。公共管理对于培养公民的公共理性起到了至关重要的作用，它有助于提升公民的理性能力。这种理性能力主要体现在处理复杂多变的公共事务和化解矛盾冲突时，公民能够通过协商对话达成多元利益的共识，并建立起彼此间的信任和理解。

最后，公共性指的是一种价值追求和管理原则。"公共管理活动追求的最高价值是实现公共利益，政府本身就是为此而存在的。它既是一种价值，也是一种管理原则。从管理角度来说，政府要做的无非是有效地配置社会资源、公正地解决社会矛盾和冲突、公平地分配公共产品和有效地提供公共服务。在这一过程中，公共利益构成了政府活动的起点和归宿，对政府所做的任何事情的评价也是以是否符合公共利益为标准的。"①

（二）从属性

公共管理活动的核心主体无疑是政府。现代国家的治理结构通常包括立法、行政和司法三大支柱。立法机构代表民众意愿，而行政机构则是立法的执行者，这明确了政府的从属地位，其权力源自立法机构的授权，本质上是在执行立法机构的决策。这种关系的确立，标志着历史的一大进步，它是人民主权思想的具体体现。它前所未有地提升了人民及其权力的地位。因此，强调公共管理活动的从属性，明确政府只是执行者而非任意行使权力的主体，对于维护政府的合法性和有效性至关重要。

（三）非营利性

政府与其他组织的一个区别在于它的非营利性，这一非营利性在相当程度上是由政府的公共服务性特征及它的财政来源所决定的。政府同企业不一样，企业是经营性的，盈利是企业的主要目标，否则企业就无法生存，企业的财富来自自己的创造。对政府来说，政府自身并不直接创造财富，政府的财政收入源自纳税人。政府的财政收入主要服务于公共福利，财政收入的增长直接关联着公众福祉的提升。因此，政府高度关注 GDP（国内生产总值）的增长也就不难理解了，因为 GDP 的攀升不仅代表社会财富的增加，也预示着政府财政收入的扩大。在这种背景下，经济发展被置于优先地位，而政府在其中扮演着不可或缺的角色。它为企业经营创造良好的环境，制定规章制度来规范市场运行和企业活动，并通过财政金融政策来调节经济走势。在当今的公共管理活动中，除了政府之外，还有诸多公共组织（如公益类事业单位）也参与到公共服务和产品的供给中。尽管这些组织有时采取"使用者收费"的方式，如公立大学的学费收取，但这些费用并非以盈利为目的。

---

① 竺乾威，朱春奎，李瑞昌. 公共管理导论 ［M］. 北京：中国人民大学出版社，2019：4.

（四）*服务性*

公共管理的另一特征是它的服务性。正如前面所指出的，政府所做的事从本质上讲是服务，服务于公共利益。因此，如何向公众提供优质的公共产品和公共服务是政府在进行公共管理活动时必须解决的问题。今天的公共管理与以往的一个不同在于，作为降低成本的一种方法，市场化的服务提供方式开始兴起，越来越多的政府以外的组织投入到公共服务中来。这里政府面临两个方面的问题：一是一些政府组织为了减轻自身的负担，以市场化为借口，将本来应该由政府提供的服务推向市场，从而导致资源紧张和费用提高；二是对其他组织提供的服务和产品缺乏监管，以致服务质量不高。由于这些组织提供公共服务和产品是与政府相关的（比如养老服务的购买），在这样的公共服务的购买中，政府与相关的组织形成了一种类似委托人和代理人之间的契约关系，政府作为委托人事实上要承担最终的责任，政府的声誉也会因代理人的表现而受到影响。在这两种状况下，政府的公共管理活动都失去了它的服务性特征。

第二节　公共管理的任务及对象

一、公共管理的主要任务

公共管理作为一个行为过程，其核心目标在于维护公共利益，推动社会的和谐发展，并为公众提供全方位的服务。正因为此，公共管理的涵盖范围极为广泛。从政府职能的视角审视，政府职能主要涵盖政治职能和公共管理职能两大方面。而公共管理职能进一步细分为经济管理职能、社会管理职能和公共服务职能，几乎涵盖了除国家政治职能外的所有领域。这种职能的多样性在一定程度上决定了公共管理内容的丰富性。具体而言，公共管理的内容主要包括以下方面：

（一）*公共问题的确立*

问题是主客观相矛盾的表现，也是一种普遍存在的现象。无论是一个组织、团体，还是公民个人，在日常的工作和生活中总会遇到各种各样的问题。因此，解决问题就成为实现集体或者个人目标、推进事物向前发展的重要环节之一。不过公共管理中所说的问题是有严格限定的，属于政府职责范围的社会公共问题，才属于公共管理的范畴。比如我们常常说的人们的生存环境问题、城市的道路、交通问题、人口问题、社会犯罪与社会秩序问题、资源的合理利用问题及社会的微弱群体的保护问题等。这些问题都属于公共领域的共同性的问题，也是关系到绝大多数社会成员的切身利益和生活质量的问题，因此，必须由政府制定相应的公共政策，采取相应的措施加以解决。可见，社会共同性问题的确认及其解决，是公共管理的重要内容之一。

（二）公共政策的制定

制定公共政策无疑是政府的核心职责之一，它不仅是公共管理机构实施公共管理的基石和重要工具，还构成了公共管理的主要内容。这里的政策指的是政府为实现特定时期的战略目标所制定的行为规范和措施，涵盖了法规、条例、决定、命令和规则等广泛范畴。公共政策的制定与实施之所以在公共管理中占据核心地位，是因为它们与政府需要解决的社会问题紧密相连。在任何时代和任何政府体系下，都会面临一系列亟待解决的社会挑战，如公共交通、公共安全、公共设施等。而在当前这个时代，环境问题、人口增长、资源管理等更成为各国普遍关注的焦点。然而，并非所有社会问题都自动成为公共管理的内容。只有当这些问题属于政府的职责范围，且涉及广大社会成员的利益，关乎人们共同的生活质量时，它们才会被纳入公共管理的范畴。

换句话说，公共管理中所确认的社会问题是有特定条件的：这些问题必须是客观存在的，普遍受到公众关注，且在一定时期内或特定范围内必须得到解决，其解决与人们生活质量的提升或社区的整体进步密切相关。因此，公共性是公共管理中所确认的社会问题的核心特征。除了之前提到的社会问题外，教育、文化、社会福利、公共卫生、住宅、市政建设、能源、交通及人们的生活方式等领域，都是公共管理不可或缺的内容。政府的重要任务之一，就是针对这些公共管理中的问题，遵循既定程序和方法，制定出有效的公共政策，以推动社会和谐与发展，促进社会进步。

（三）公共项目的选择

公共管理中的项目，是指公共管理机构依据一定的公共政策而采取的具体行动，是把公共政策具体化的过程。在公共管理中，制定政策的机构不限于公共管理机构，还包括立法部门等，后者在公共政策的制定方面，发挥着更重要的作用。公共管理的一项重要任务就是要把有关的政策变为现实，使其不仅停留在行为指导的层面。而公共项目正是把公共政策具体化。从这个意义上说，公共项目不仅是公共管理的重要内容，而且是最直观、可见的管理行为。在公共管理中，通过确立公共项目使政策具体化，就必须遵循公共项目管理的基本准则。一般说来，所有公共项目都直接关系到人们的生活环境和生活质量，因此，公共项目的确认和对公共项目的有效管理，都直接关系到一定时期政府公共政策的实现。为了加强对公共项目的管理，不仅要注意项目预算、质量、结果等各个具体环节，而且要有严格的实施项目的组织保障，建立相应的责任机制，从而使公共项目的确认、制定、实施到项目的验收、评估、反馈，形成一套严格规范的管理制度。只有这样，才能保证公共项目真正发挥其作用。

（四）公共资源的管理

一般来说，一定社区的人们共同拥有的有形财产和无形财产，都属于公共管理资源的范畴。这些资源在名义上是每个人都可以享有的财物，但实际上任何人都不可能完整地占有它。这些资源主要包括自然资源、公共物品、公共信息、公有企业及人力资源等。自然资源是社会赖以存在和发展的各种自然性物质条件，也是一定社会存在、发展的基础，如土地资源、矿产资源、水资源、森林资源等。这些资源虽然属于一定社区的共同财产，一般不属于个人所有，但是如何合理使用、开发，则对社会的整体发展影响极大。正因为如此，自然资源就理所当然地成为公共管理中的重要内容。

公共产品是指那些由社区内所有成员均可共享并受益的公共设施和物品，它们首先必须是劳动产品。只有那些对社区全体成员开放，而非仅供部分人享用的设施，如能源供应、道路、桥梁、交通标志和城市公园等，才属于公共管理的范畴。相反，那些具有特定限制条件的公共物品，如专用道路，则不属于公共管理的内容。值得注意的是，由于不同层级的公共管理机构管理的地域和范围有所不同，因此并非所有"公物"都会纳入公共管理的框架。

公共信息则是指社区内所有成员共同拥有并可享用的精神产品，如经济信息、科技成果和文化产品等。信息作为一种资源，在现代社会中的重要性日益凸显。纳入公共管理范畴的公共信息，特指那些为社区全体成员所共同拥有和享用的信息，而非仅限于部分人享有的私有资源。

公有企业，特别是国有企业，是由国家投资兴建的。这些企业的公共性源于其投资主体的特性，即使用纳税人缴纳的税收进行投资。因此，公有企业本质上属于公众共同所有。与公共财产不同，公有企业具有增值潜力，因此政府的一项重要职责就是确保公有企业对纳税人负责。

人力资源是指一定社区的劳动力、人才所形成的社会资源。作为公共管理的内容之一，人力资源管理并不是指一个单位内部对人才资源的开发和利用，而是指一定社区的共有人才资源的开发和利用。由于人力资源是社会资源中最活跃、最积极的因素，因此任何国家的公共管理都不能不关注这个领域。特别在知识经济时代到来之际，更是如此。

（五）提供公共服务

"公共管理中，公共机构为社会提供各种服务，是其管理内容中极为重要的部分。特别是近年来，由于政府公共职能范围的扩大，对经济生活干预的加强，使公共服务显得更加重要。在西方一些较为发达的国家，由于中央政府与地方政府有较为明确的事权划分，因此，公共服务主要是由地方政府提供的，其涉及的领域也十分宽泛，诸如教育、福利、消防、垃圾处理、污水处理等。当然，面对日益复杂的公共事务，政府在提供各种公共服务中，也不是没有选择的。"[1]

实际上，任何国家的公共管理都无法涵盖所有公共事务，因为随着社会经济

---

[1] 赵京国. 公共管理理论与实践探索 [M]. 长春：吉林人民出版社，2021：7.

的不断发展和变化，政府的公共管理和提供的服务也需要持续地进行调整和优化。然而，从总体趋势来看，公共服务的领域和范围似乎在不断扩大，这在一定程度上具有普遍性。作为社会主义国家，中国的公共管理更应如此。随着社会经济的不断进步，中国的公共管理应当致力于为广大民众提供更多、更优质的服务。这不仅是社会主义性质的具体体现，更是践行"为人民服务"的宗旨和使命。

二、公共管理的对象

具体来说，公共管理的研究对象可以从以下三个方面来理解和把握。

（一）公共管理的研究对象是动态的公共管理活动

"公共管理首先体现的是一系列的活动，包括法约尔所提的管理五要素——计划、组织、指挥、协调和控制，也包括决策、沟通、领导和创新。可以这么说，凡是公共管理组织做出的，以公共管理目标为导向的行为都是公共管理的研究对象。"[①]

（二）公共管理的研究对象是静态的组织结构和组织体系

任何公共管理活动的展开都必须以一定的组织为载体，必须有组织授予的职责和权力。公共管理要研究组织的层级结构、组织的规模、组织的人员配备等，研究如何安排才是合理有效的，才是与公共管理活动相适应的。

（三）公共管理的研究对象是在公共管理活动中产生的公共管理关系

公共管理者在实施公共管理活动时，总是会与组织内部和外部的各种人、事和组织进行交流和合作，从而形成一定的公共管理关系。这些关系相互结合、相互作用，形成一个有机的整体。就内容来说，包括人际关系、沟通关系、组织关系、组织与环境的关系等，这些也都是公共管理所要研究的。

---

① 杨艳. 公共管理 [M]. 北京：国家行政学院出版社，2005：34.

第三节　公共管理与私人管理的区别

自从人类社会形成后，个体便通过错综复杂的社会关系形成了各类群体。个体与群体之间存在着紧密的相互依存和联系，每个个体既是独立的，又是群体中的一分子。作为独立的个体，人们拥有各自的需求，这些需求催生了与个体直接相关的事务、产品、部门和领域，形成了私人管理或私营部门管理的范畴。然而，当个体以群体的形式出现时，他们又共同拥有群体性的需求，这些需求指向了公共事务、公共产品、公共部门和公共领域，从而催生了公共管理的需求。

公共管理与私人管理，作为管理活动的两大分支，虽然在许多方面有着相似的管理规律和方法，比如制定管理目标、执行具体方案、整合资源、处理外部关系等，且公共管理在一定程度上借鉴了企业管理的成功经验，但它们在本质上是两类截然不同的管理类型。以政府为核心的公共管理，其目的在于满足社会的公共需求，而私人管理则更多地关注个体或特定群体的利益和需求。这种本质上的区别使得两者在管理的性质上存在着显著的差异。具体来说，两类管理在性质上的区别集中表现在如下方面：

一、管理目标不同：公共利益和私人利益

公共管理的核心使命在于追求和捍卫公共利益。从本质上讲，政府承载着促进和实现公共利益的职责，这是其行动的基石和动力。若公共管理者背离这一宗旨，转而追求私利，那么他们便失去了作为公益信托者的身份。当代公共管理面临的关键挑战是如何确保政府及其管理者能够真正代表并响应公众的利益。与此相对，私人管理的目标则更多地聚焦于私人利益，包括管理者在内的个体或组织追求自身利益的最大化。利润往往成为其活动的核心驱动力，决定了其管理行为的起点和终点。

这种管理目标的本质差异，明确界定了公共管理与私人管理的界限。私人及其组织在私人领域中追求自身利益的合理性，并不适用于社会公共事务的管理。

当涉及公共利益，尤其是那些私人及其组织难以实现或可能损害其利益的领域时，这些事务便须纳入公共管理的范畴。公共管理组织或部门的存在，正是为了维护和增进公共利益而设立的。它们承担着不可推卸的责任，即通过有效的公共管理活动来实现那些与社会发展紧密相连、私人活动难以实现的公共利益。这就要求公共组织和公共管理者摒弃个人私利最大化的目标，坚定地将公共利益作为自己的使命和责任。否则，公共管理与私人管理就没有区别，公共管理也就没有存在的必要。

当然，公共利益和私人利益并不是完全对立的关系，二者也存在着共生共荣的一面。私人及其组织只要依法经营，不损害其他人的权益和利益，他们的活动便被认定为是正当的和积极的，是一种经济和社会的善。他们在追求和实现自身利益的过程中，客观上也提升了他人和整个社会的福利水平。

二、管理权威不同：政治权威与经济权威

公共管理活动在本质上是国家的活动，不可避免地包括政治权威的作用（也存在着非权威的作用）。政治权威意味着从事公共管理的组织尤其是政府具有高于任何私营组织的权力。以政府为代表的公共组织作为某种范围内的唯一权威中心，需要运用强制力去规范私人利益，包括对私人利益进行某些必要的限制，并运用各种资源和手段，确保公共利益的实现。这使得公共组织通常具有不断性，公共管理的过程通常具有强制性。政府不仅是公共服务的提供者，也是政治权威的执行者，所以许多公共管理活动本身就有强制性。当有违反法令的事情发生时，政府便可以在职权范围内依法予以处理，而其他组织不具有这种公权力。

在私营部门或组织的管理过程中，尽管也有权力和权威，但这种权力和权威不具有类似于公共权力的效力，而且它们只能运用于私营部门或组织的内部管理，可以称为经济权威或市场权威。这种权威非法律授予，而是来自经济性的市场力量。因此，其管理行为往往受制于市场力量。私人管理的权威很大程度上取决于其在市场上的竞争力，而非以国家强制力为后盾。

三、管理理性不同：多元理性与经济理性

公共部门，作为立法者和执法者，站在社会资源配置的核心位置，肩负着权

威性分配社会资源的重任。在当今这个高度复杂、充满不确定性和急剧变革的多元社会中，利益主体和价值主体均呈现出多元化特征，且这些利益和价值之间往往交织着各种矛盾和冲突。因此，政府在公共管理中，特别是在政府治理层面，必须全面考虑各种利益和价值的平衡。这种管理理性是多元且复杂的，包括效率与公平、改革与稳定增长、眼前与长远的利益、个人利益与公共利益，以及不同社会集团的利益偏好等。任何单一向度的决策都可能带来不良的社会后果。相比之下，私人管理由于其特定的管理目标和管理职能，以及私营组织的规模和管理影响面的局限性，其管理活动主要围绕如何实现自身的生存和发展进行，管理过程往往更侧重于工具性的经济理性考虑，通常不需要承担社会价值分配和平衡的责任，因此，在决策时较少考虑甚至忽略其他理性因素。

四、权力制约不同：制衡性与自主性

由于公共利益的维护和增进需求，公共管理组织获得了合法的政治权威和强制力，其管理过程的影响遍及整个社会。因此公共管理主体在执行管理任务时，必须受到多方面的制衡。然而，在公共管理中，公共管理者个人的私人利益与其所代表的公共利益是截然不同的。若缺乏有效制约，公共权力滥用的风险将显著上升。为了防止公共权力的滥用，人们构建了民主宪政的国家制度框架，并将公共管理纳入其中运行。在民主宪政的体制下，公共管理权威被分割，并注重政治权威的分立和制衡。通过立法、司法、政党及利益集团等多样的制衡机制，确保公共管理能更好地服务于公共利益，而非少数人或集团。与此相反，在私人管理中，管理者虽也受到公共权力和市场力量的制约，但这种影响远不及公共管理所面临的。私人管理的利益通常直接体现在管理目标上，不涉及公共权力的滥用问题。因此，对私营部门管理者的限制应适度减少，赋予他们更多的管理自主权，这对管理者和社会而言都是一个合理的选择。

五、调控机制不同：政府机制与市场机制

"政府与市场是现代社会的两个最重要的资源配置和控制体系。公共管理与私人管理的一个十分显著的区别在于：前者主要是通过政府机制来实现；后者则

主要通过市场机制来完成。尽管不同的国家因其政治制度、经济水平及文化传统等方面的不同而在公共管理过程中发挥政府机制和市场机制作用的比重不同，但这种不同只是程度上的，而不是基本性质上的。正是公共管理实现上的政府机制，决定了公共管理是在公共利益的导向下，以近乎垄断的方式提供公共物品和服务，而不是像私营部门那样，以利润为导向，以竞争的方式提供私人产品和服务。"①

尽管上述几方面并不能完全概括公共管理与私人管理的差异，但它已经表明，公共管理与私人管理是本质不同的两种管理，认识这些差异有助于我们更好地了解公共管理的性质，明确公共管理的责任和义务，了解公共管理的运行过程，从而更加有效地从事公共管理工作。

第四节　公共组织与公共管理者

一、公共组织概述

（一）公共组织的内涵

组织是人们以合作的方式去实现公共目标的工具，是管理的物质存在形式，任何管理都离不开组织。

所谓公共组织是指以实现公共利益为目标，以管理社会公共事务为基本职能，为社会提供公共产品和公共服务的社会组织。

公共组织的目标、活动领域和价值取向不同于私人组织，其主要特征有以下五点。

第一，公共组织的核心使命是追求公共利益和提供公共服务。其"公共性"决定了它们始终将社会一定范围内（如国际、国家、区域或社群）的公众共同利

———————

① 楚明锟. 公共管理导论［M］. 武汉：华中科技大学出版社，2011：6.

益作为行动的出发点，致力于公共产品的供给和公共服务的优化，以实现公共利益的最大化，而非追求利润。这是公共组织存在和发展的基石，也是其合法性的根本来源。

第二，多数公共组织的运营资金主要来源于公共财政预算。公共组织的各项活动，如公共预算的编制、公共项目的策划、公共资源的使用及公共事务的日常管理等，都必须严格遵循宪法或法律的规定，确保公共资金的透明、高效使用。

第三，公共组织具有强烈的政治色彩。它们不仅仅是政治活动的边缘参与者，而是处于政治活动的核心位置。公共组织在引导公众关注、设定公共事务议程及塑造社会价值观等方面发挥着重要作用。

第四，公共组织的活动必须接受公众的监督。作为行使公共权力的机构，公共组织在处理公共事务时，其行为必须受到全社会的有效监督，以确保公共权力在合法、公正的轨道上运行。

第五，公共组织的目标具有多元性。公平和公正是其根本追求，但在使用公共资源提供公共产品和公共服务的过程中，公共组织也必须考虑效率和效能，努力实现成本最小化。在不同的情境和任务中，这些价值目标可能会产生矛盾和冲突，因此公共组织需要在不同的情境中做出选择，对多元目标进行权衡和优先排序。

公共组织种类繁多，但大体上分为政府组织和非政府公共组织。政府组织是最典型的公共组织。现代政府作为社会全体合法成员共同利益的代表，是通过法定的公共程序产生的，其权力是得到社会公众认同的，因此，政府的管理具有高度的合法性和强制性。在社会生活中，政府负有承担公共服务的主要责任，它的各层级和各部门是公共管理的主要依托，因此，政府进行的行政管理是公共管理的主要形式。

非政府公共组织更是种类繁多，在我国包括政党组织、事业单位、公共企业、社会团体、非营利性社会中介组织、民办非企业单位及城乡基层群众性自治组织等。

（二）公共组织的构成要素

公共组织是一个由若干要素组成的有机整体，其功能的有效发挥有赖于组织内部各个构成要素间的有机协调。公共组织的构成要素包括以下七个方面。

第一，职能目标是任何组织得以建立和运作的核心驱动力。一个组织若缺乏明确的职能目标，其存在便失去了根基和意义。职能目标不仅指引着组织的发展方向，还为其内部结构和运作提供了基础。

第二，为了实现这些职能目标，组织需要构建一个合理的权责体系。这个体系基于工作需要和授权原则，明确了各部门、各层级和成员之间的权力与责任。通过合理的权责分配，组织内部能够形成既分工又合作的良好局面，从而确保整体效能的发挥。

第三，机构设置是组织内部权力运作的具体体现。它根据职能目标和权责体系，确定了一系列特定的机构来承载组织的权力。这些机构通过部门分工和单位划分，使组织内部运作更加有序和高效。

第四，在机构设置的基础上，职位安排进一步将职责明确分配到各个工作岗位。职位是职务和责任的结合体，是组织运行的基本要素之一。通过合理的职位安排，组织能够确保每个成员都明确自己的职责和角色，从而为实现组织目标提供有力支持。

第五，人员配备是组织不可或缺的一部分。人员是组织的核心要素，他们的道德品质、工作能力、技术水平和工作业绩直接影响着组织的运行和发展。因此，组织需要精心选拔和配备人员，确保他们具备完成工作任务所需的素质和能力。

第六，物质基础是组织运作的必要条件。经费、场地、房屋、办公设备和用品等物质因素为组织提供了必要的支持和保障。没有这些物质因素的支持，组织的运作将无从谈起。

第七，规章制度是组织运作的规范和保障。它以书面文件等形式对组织目标、职能、内部分工、运行程序、职位的权责关系和活动方式等做出严格规范。这些规章制度对组织中的各个机构及其成员具有强制性和约束力，是组织有序运行的重要保障。因此，一个健全的规章制度体系是组织有效实施公共管理的根本保障。

（三）公共组织的特征

从社会管理角度来看，公共组织是社会组织中规模最大、管理范围最广的组织形式，是社会利益的代表者和维护者。公共组织在具有社会组织一般共性的同时，也表现出其特殊性。

1. 权威性

政府和非政府公共组织，其权力都直接或间接来源于国家权力或国家授权。如政府作为国家权力的执行机关，直接代表国家行使统治权和管理权，在很大程度上，政府是国家的代表和象征，它以整个社会生活为自己的控制对象，拥有凌驾于整个社会之上的权威，运用各种手段来维护社会秩序和社会的公平正义，社会的各种团体和全体公民都必须服从政府的一切合法的规定、命令，否则就会受到制裁和惩罚。非政府公共组织，其权力大多也来自政府的授权，它们根据政府委托，代表政府从事某方面的社会事务管理或者公益性的社会服务活动。因此，对于特定的管理对象，非政府公共组织也同样具有权威性。

2. 社会性

社会性是公共组织的基础。公共组织要从根本上维护社会的利益，维护社会的良好秩序，就必须履行社会管理任务，以管理社会公共事务作为自己的重要职能，管理包括国家政治、经济、文化、科技、卫生、社会福利、社会治安等事项在内的各项社会性事务。在对社会进行管理的过程中，促进政治、经济、文化和社会各项事业的全面发展，保证人民生活幸福、安居乐业。唯有如此，才能维护社会的长远利益，同时才能使公共组织自身得以存在和健康发展。

3. 法治性

公共组织的建立、撤销及其所有活动都深深根植于宪法和法律之中。这些组织的根本任务、所被授予的权力及所承担的责任，无一不源于宪法和法律的明确规定。同样，公共组织内部的人员，他们的职责、享有的权利、应尽的义务，以及他们在行使职权、实施管理时所遵循的原则、方式、方法和程序等，都必须严格以法律为基准，不得有任何逾越宪法和法律所设定的边界。依法行政，是公共组织活动的鲜明标志，也是其不可推卸的法律责任。法制性不仅是公共组织活动的根本依据，更是其推动工作、履行职责的重要手段。如果公共组织的活动偏离了法治轨道，违反了宪法和法律的规定，那么其权威性将无从谈起。

4. 系统性

公共组织是一个由多元要素精密编织而成的有机整体，这些要素按照明确的目标结构、层次结构、部门结构和权力结构相互交织，共同形成一个职责清晰、运作协调的系统。以政府部门为例，其结构呈现出鲜明的层级特色。纵向上，公共组织形成了一个自上而下的金字塔形层级结构，涵盖中央政府、各级地方政府直至基层单位。这种层级结构通过层层授权的方式，确保政策和指令能够由上至下高效地传递与执行。而在横向上，各层级的公共组织内部又细分出多个横向职能部门。这些部门按照各自的专业领域，分工领导和管理着不同方面的事务，确保公共管理的广度和深度都能得到全面覆盖。通过这样的纵横交错的组织结构，公共组织构建了一个庞大而精细的管理系统，涵盖了社会的各个领域。这一系统不仅确保了国家公共管理活动的协调性和有序性，还通过各部门之间的紧密配合，形成了公共管理的整体效应。

（四）公共组织的结构

"结构"一词源自生物学，是指一个生物体对其所具有的各种要素的特定安排。随着"结构"一词被广泛引用，泛指某一事物的各组成部分的搭配和排列方式。公共组织结构就是指公共组织内部各构成要素之间的排列组合方式，也即构成公共组织的各要素之间的相互作用和相互关联的特定方式。

组织结构是公共组织的核心框架，它定义了组织内部各个部分和成员的具体职责分工及职能的界限。这种结构不仅确定了组织整体、其组成部分及成员之间复杂的权责关系，还明确了工作执行的具体方式和方法。若将公共组织视为一个生机勃勃的有机体，那么组织结构便是其支撑起整个机体的"骨骼"系统。因此，一个合理的组织结构对于公共组织而言至关重要。它不仅是公共组织实现既定目标的基础，更是提高管理工作效率的关键所在。然而，在公共管理活动中，一些官僚主义现象，如机构冗余、职责不明确、工作执行效率低下等，也与组织结构的设置不当有关。

1. 公共组织的纵向结构

任何一个较大的公共组织，尤其是政府组织，出于提高工作效率的需要，必然要在组织内部进行垂直分工和水平分工。组织的垂直分工涉及管理层次问题，并由此形成组织的纵向结构。

纵向结构，亦称组织结构的层级化，是指公共组织内部按上下隶属层级关系有序进行的等级划分。以行政组织为例，其纵向结构既包括层级政府之间的构成，又包括各级政府或各个职能部门内部层级的构成。前者主要指中央政府和地方各级政府，如我国分为国务院和省、市、县、乡；后者具体指某个单位的层级结构，如国务院内部按职能分工，设部、司、处等不同层级。

纵向结构上的层级数目，也就是管理层次，通常是从组织上的最高层以金字塔的形式向最低层分解，层级的多少要视行政组织内部分工的需要及行政组织的职能分配和行政管理的需要而定。管理层次设置过多，易于造成信息渠道不畅，浪费时间、财力和人力，产生官僚主义，增加协调和控制的难度等；管理层次过少则会造成分工不明确，责任和权力不清，影响组织成员的工作积极性。

2. 公共组织的横向结构

横向结构也称为公共组织的部门化，是指同级组织之间平衡分工的构成形式。以行政组织为例，行政组织按其目标、权力、责任和业务性质等的区别而划分为若干个平行的职能部门，这既是对行政职能目标的分解，同时也是一种分权。

行政组织部门化主要有四种形式。

（1）管理职能导向的部门划分。行政组织的横向结构通常以管理职能为基础进行划分。以我国为例，各级政府普遍采用这种方式，将其划分为综合部门、职能部门和直属部门。综合部门，如国务院和各级人民政府的办公厅（室），主要负责综合性、秘书性的事务，不直接管理具体业务；职能部门，如国务院所属各部、委和地方各级人民政府所属的各厅、局，则分管独立的产业或社会事务；直属部门，如专利局、统计局等，则专注于某一方面的专门业务。

（2）管理程序导向的部门划分。这种划分方式依据决策、咨询、执行、监督等基本管理环节，分别设立政府首脑机关、政策研究部门、一般业务部门、行政监察部门、审计部门等。每个部门在行政管理过程中都扮演着特定的角色，确保管理功能齐全且流程井然有序。

（3）服务对象导向的部门划分。服务对象的差异也是部门划分的重要依据。以政府经济主管部门为例，它们根据服务的人群或财务类型进行部门设置。例如农业部服务于农业产业，交通运输部管理交通事务，侨务办公室和复转军人办公室则分别针对侨民和复转军人提供服务。

（4）地区导向的部门划分。这种划分方式在各级政府层级中尤为明显，如省、市、县、乡等各级政府的设置。同时，一些中央政府部门也会根据地区设置分支机构，如审计署设立的各地特派员办事处。

3. 管理层次与管理幅度的关系

研究表明，管理层次与管理幅度在某一特定规模的行政组织内呈现反比关系。管理层次多，则每一层行政机构的管理幅度就窄；管理层次少，则每一层行政机构的管理幅度就宽。

管理层次与管理幅度直接影响组织的结构。管理层次多、管理幅度窄的行政组织结构呈金字塔形，即"尖形结构"；而管理层次少、管理幅度宽的组织结构则呈"扁平形结构"。

一般来讲，管理层次和管理幅度的关系对行政组织的工作效率有重要影响。因此，在确定组织结构时，必须把它们作为一个重要的问题予以考虑。决定管理层次和管理幅度关系的主要因素有以下四个方面。

首先，行政组织工作任务的性质对管理幅度和管理层次具有决定性的影响。当工作任务复杂多样、差异显著时，所需的协调程度相应增高，这时管理幅度应适当缩小，而管理层次则应相应增加。反之，如果工作任务相对简单，管理幅度可以相应扩大，管理层次减少。

其次，工作种类的接近程度也是影响管理结构的关键因素。当工作种类较为接近时，更适合采用管理幅度较宽、管理层次较少的组织结构，以便于协调和管理。

再次，组织成员的思想水平和知识程度对管理幅度也有直接影响。当组织成员的思想水平和知识程度较高时，他们更能够自主思考、独立解决问题，这时管理幅度可以相对扩大。相反，如果组织成员的思想水平和知识程度较低，管理幅度则应相应缩小，以确保工作质量和效率。

最后，领导者的水平和能力也是决定管理幅度的重要因素。一位知识水平高、能力强的领导者能够更有效地管理更多的事务，因此管理幅度可以相对扩大。而领导者水平和能力不足时，则应适当缩小管理幅度。

（五）公共组织的类型与职能

1. 政府与政府职能

（1）政府与政府职能的含义。谈到政府，人们总是把它与国家联系在一起，认为政府是国家的形象和代言人。政府有广义和狭义两种含义。广义的政府是指行使国家权力的所有国家机关，包括立法机关行政机关和司法机关；狭义的政府是指国家权力的执行机关，即国家行政机关。我国政府目前包括中央政府、地方各级人民政府和特别行政区政府，其组成由纵向不同层次和横向不同分工的政府部门组成。

政府职能是指政府在依法管理社会公共事务过程中所履行的职责和发挥的功能。政府作为执掌公共权力的主体机构，其基本职能就是管理社会公共事务。政府的管理职能根据不同国家的政治、经济、社会环境的不断变化而进行不断调整、丰富和发展。

（2）当代市场经济国家政府的基本职能。市场经济国家政府的主要职能可以归纳为以下六个方面。

第一，提供国家安全的职能。国家安全，作为一种至关重要的公共物品，其供给责任主要由政府承担。政府不仅通过提供这一公共物品来弥补市场机制的不足，为经济发展打造一个安全、稳定的内外环境，更重要的是，它体现了国家的主权意义。"国家安全"是一个多维度、全方位的概念，涵盖了国防安全、经济安全及国内安全等各个方面。国防安全是国家生存与发展的基础，也是各国政府不可推卸的首要职责。它确保了国家免受外部威胁和侵害，为国家的繁荣发展提供了坚强的后盾。而国内安全则是指一个国家内部公民的人身、财产及生存环境得到充分保障的社会状态。这包括人身安全、产权安全及生态安全等多个方面。与国内安全相对应的是，国防安全和经济安全主要关注的是抵御外部侵害，确保国家边境安全和经济稳定运行；而国内安全则更注重保护公民的生活工作环境，确保其安全、稳定、公正、有序。提供国家安全不仅是政府的首要职能，更是保障国家和政党在政治、经济、文化等各个领域活动得以顺利进行的前提条件。

第二，提供维护市场竞争秩序的职能。提供维护市场竞争秩序的职能是政府最基本的一项职能。市场经济是自由经济，各经济主体在从事经济活动时都会从自己的角度出发，谋求最大的自身利益，难免破坏市场秩序，如垄断造成市场混乱等。这一点在外资引进上体现得更加充分。制定和实施公平交易和公平竞争的规则是形成和维护公平交易与公平竞争的经济秩序的前提条件。维护市场秩序，政府必须履行的职能有以下方面：制定市场制度和规则，并监督执行，主要包括市场进出入制度和规则、市场竞争制度和规则、市场交易制度和规则、市场仲裁制度和规则；维护公平竞争环境，限制国内外企业垄断等。

第三，提供公共物品和公共服务的职能"公共物品和公共服务取之于国民的税负，用之于国民的福祉。公共设施、公共卫生、公共交通、公共通信、公共咨询、公共信息、公共教育等政府投资兴办及监管的事业，都属于政府公共服务的范畴，公园、公立图书馆、公立学校、政府公共信息网页等则是典型的政府公共服务的方式。提供更为广泛、更为快捷、更为有效、更为公平的公共服务，是现代国家政府普遍面临的世纪性挑战。同时企业是市场的主体，为企业提供必要的服务也是市场经济体制下政府的一大职能。"①

第四，提供宏观协调的职能。市场经济，并不是无政府经济。它需要政府在宏观上调节社会总需求，弥补市场机制的不足；调节收入分配，保证社会公平，促进地区间的平衡发展；采取适当的产业政策，促进结构优化，提高总供给能力，保证经济的稳定和增长。

第五，提供社会保障的职能。在市场经济蓬勃发展的背景下，随着个人与企业间经济交往的日益频繁和深化，社会分工也越发细致。为了应对这一趋势带来

---

① 梁仲明，李尧远，周明. 公共管理导论 [M]. 北京：清华大学出版社，2012：51.

的复杂性，政府作为公共机构，必须发挥其核心作用，通过经济立法、政策制定及规划引领等方式，对各种经济纠纷进行有效调控，规范不同经济主体之间的关系。以企业审批为例，政府应充分展现其控制功能，对环境污染不达标或工人劳动保护不到位的企业实施严格的监管和控制。

第六，保护资源和环境的职能。人与自然的和谐共处是现代社会文明的一个重要表现，保护有限资源，防止环境污染促进生态文明，是政府义不容辞的职责和任务。

2. 非政府公共组织及其职能

（1）非政府公共组织的含义。非政府公共组织，英文全称为 Non-Government Organization，英文缩写为 NGO。由于观察的角度和强调的重点不同，关于非政府组织的概念，国外有多种不同的称谓。如"非营利组织""第三部门""慈善组织""志愿者组织""公民社会组织"等。尽管称谓各异，但大体可以界定为以增进社会公共利益为目标，不以营利为目的，与政府组织相对应的一种社会公共组织形式。

从组织功能特征上考察，非政府公共组织具有以下五个内涵：①有服务大众的宗旨；②有不以营利为目的的组织结构；③有一个不致令任何个人利己营私的管理制度；④本身具有合法免税地位；⑤具有可提供捐赠人减免税的合法地位。

（2）非政府公共组织的特征。综合国内外专家的不同观点，非政府公共组织具有以下基本特征。

第一，非政府性。这是非政府公共组织最本质的特点。它们在组织结构、资金来源和人员配置上完全独立于政府，除非特别授权，否则不执行政府的权力和职责。它们不隶属于任何政府部门，也不依赖政府财政支持，其成员主要由志愿者组成，而非公务员。

第二，非政府公共组织具有正规性。作为实体性的社会组织，它们拥有正式的、合法的身份，通过国家法律的认可，并在相关部门注册登记，具备法人资格和民事责任能力。此外，这些组织还有一套完整的组织结构和规章制度，如章程、管理系统、日常活动等，以确保其正常运行。

第三，非政府公共组织以公益性为宗旨。它们与企业等营利性组织不同，主要目标是服务社会和公众，而非追求利润。即使偶尔产生盈余，这些盈余也将用于组织宗旨相符的事业中，而非用于个人收益。它们的活动经费主要来源于捐赠、会费和服务回报等。

第四，非政府公共组织享有自治权。在法律允许的范围内，它们拥有独立的决策权和执行权，可以根据组织的目标进行自我管理和约束。关于组织发展的重大事项，如章程的修改、管理机构的变动等，都必须经过组织成员的讨论和民主决策。

第五，非政府公共组织具有志愿性。它们主要由志愿者组成，成员参与活动是基于自身的意愿和奉献精神，而非利益驱动。这些组织通常涉足于营利机构较少关注的领域，如慈善、环保、残疾人服务等。

二、公共管理者的角色与素质

（一）公共管理者的社会角色

1. 领导者的社会角色

领导者是公共管理活动中的关键性因素，是公共管理活动的主体。所谓领导者，通常是指在公共管理活动中负责组织、指挥和协调的人员，其主要职能是通过制定政策和进行组织协调沟通来为公众服务。在理想情况下，所有的公共管理者都应该是领导者。领导者角色是领导主体的基本职能职责的实践展现，领导者的基本职能职责直接决定了领导主体的不同角色。领导者是多种角色的组合，在不同的场合，领导者扮演着不同的角色。领导者扮演的角色主要如下。

（1）领航者。领导者如轮船上的船长，他掌握着轮船前进的方向，带领着船上的人们到达希望的彼岸。领导者是组织的带头人，在公共组织中控制着组织机构的制动器和方向盘，决定着组织前进的方向。领导者采取各种方法手段率领被领导者朝着一定的方向努力，实现组织的目标，作为领航者，管理者要给组织成员以信心和安全感。

（2）促进者。领导者是活动的发起人，他推动着事情的发生，并利用自己的力量和权威采取激励、引导、监督等方法，使下属团结一致，齐心协力，促进事业的发展，完成组织的任务。

（3）教育者。21 世纪，这个被信息化和知识化浪潮席卷的新纪元，催生了一种全新的组织形态——学习型组织。同样，在这个时代，群体也转型为不断追求知识与技能的学习型群体。这些组织群体在追求共同学习目标的过程中，依赖于领导者的智慧与指导。领导者在营造健康向上、富有活力的组织文化中扮演着关键角色，他们通过教诲、引导和帮助，为组织目标的实现奠定了坚实的精神基础。为了实现这一目标，领导者会采用多种手段，如定期的培训、组织有针对性的训练等，以提升团队成员的专业素质与技能。同时，领导者的言谈举止、品德思想、能力气质等，都成为对下属进行隐性教育的强大力量。

（4）激励者。领导者实施决策要靠用人，管理目标的实现要靠下属，动员支持是一切公共管理者普遍适用的原则。领导者善于发现下属的动机与需要，采取各种激励的手段和方法，激发人的主动性、积极性、创造性，使"平凡人干不平凡的事"，使组织成员具有归属感、使命感。

（5）示范者。一个负责任的领导者，无论是出于自觉还是潜意识，都会努力扮演好自己的领导角色，严格自律，不断进行自我约束、管理和提升。为了有效领导，必须不断加强个人修养，并尽力满足和超越团队成员对他们的期望和要求。为了完成组织的任务、实现既定的目标，领导者通常要身先士卒，为下属树立榜样，这往往需要他们比常人付出更多的努力和牺牲。领导者的每一个行动都具有重要的示范作用，并会产生深远的影响。如果领导者的行为不端或言行不一，将会误导被领导者，导致领导的失败。这种不良示范可能会产生负面的连锁反应，影响整个组织的运作。然而，如果领导者行为端正、品德高尚，那么他们将会获得团队成员的衷心支持和拥护，进而更加顺利地实现领导的目标。

（6）责任人。领导者掌握着一定的权力，同时必须履行相应的义务，承担相应的责任。领导者担任多高的职务，具有多大的权力，就要承担多大的责任。在这个意义上讲，领导活动就是履行领导者责任的行为。权力是进行领导活动的前提条件，是尽职尽责的手段，而责任则是领导活动的真正动力。不尽责便是失职，就没有起到领导者的作用，就应该追究其责任。领导的职位不代表地位、特权、头衔或金钱，它代表的是责任。

2. 决策方面的社会角色

在公共管理活动中，公共管理者既是决策的抉择者，又是决策的执行者。在决策过程中，公共管理者扮演着以下主要角色。

（1）信息中心。在公共管理领域，信息和信息资源的管理已跃升至核心地位，成为公共管理者不可或缺的职责。所有组织的决策都深深依赖于信息的支撑，可以说，政府实质上扮演着"信息处理中心"的角色。公共管理者的每一项活动都建立在坚实的信息基础之上。在组织内部，公共管理者是信息传递的"中枢神经"。他们既是外部信息的汇聚点，也是内部信息流通的起点。他们通过视察、交往、调研等多种手段搜集信息，加工整合，以便及时了解组织内外环境的变化，捕捉问题和机遇。同时，公共管理者也扮演着信息传播者的角色。他们代表组织向内部成员传递信息，确保信息流通的顺畅；他们也负责对外发布信息，以指导公众的正确决策，争取他们的支持与理解，进而维护组织的良好形象。

（2）预测者。科学的预测是决策的基石，因为决策本质上是对未来行为的规划和选择，而未来却充满了不确定性和多变性，难以精确把握。对于公共管理者而言，决策是管理工作的核心环节，因此，在决策之前，必须对未来的发展状况和趋势进行前瞻性的预测。为了做出科学的决策，公共管理者需要具备广博的知识和坚实的理论素养，运用先进的科学技术和方法，在充分掌握信息的基础上，对事物未来的发展趋势进行精准的推测和预估。

（3）决断者。决策的一个重要环节就是按照优选原则在多个方案中对比选择，没有选择就没有决策。公共管理者是决策方案的最终决断者。决策往往是在一定的时间和空间范围内进行的，在一个条件下是最佳方案，在另一个条件下也许就成了最差方案，公共管理者必须根据客观情况的变化，随时掌握各种信息，及时进行反馈，慎重进行选择。面对突发性事件时，一方面要敏锐冷静；另一方面要敢于冒险，善于冒险，果断决策，切忌手足无措，患得患失，优柔寡断，丧失良机，甚至酿成灾难。

（4）创新者。决策的本质在于应对新问题，采取创新的对策。特别是重大的战略决策及众多其他决策，都呼唤着创造性思维与行动。当面对前所未有的挑战时，公共管理者在决策过程中无法依赖既有的先例或模式，这促使他们必须发挥创造性。在 21 世纪，创新已成为全球发展的主流。满足于现状就意味着停滞不前，甚至面临被淘汰的风险。因此，作为公共管理者，必须紧跟时代的步伐，持续创新，成为推动事业发展的开拓者和创新者。

3. 组织方面的社会角色

组织是管理过程中的一项重要职能。要进行有效的管理，必须建立一套科学的、合理的组织机构，制定一整套科学合理的规章制度，培育具有本组织特色的健康向上的组织文化，适应环境的变化进行组织的变革，这样才能进行有效的管理。公共管理者在组织方面扮演的主要角色如下。

（1）组织的设计者与变革者。公共管理者不仅参与组织的设计、建设与维护，而且根据环境的变化进行组织的变革与发展。在进行组织的设计建设时，公共管理者在科学理论的指导下，根据一定的原则，遵循科学的程序，确定管理的层次、幅度；建立流畅的信息沟通渠道；明确各部门之间的职责权限，避免权力过分集中，克服官僚主义；进行人员的合理配备，确定组织的目标任务。在管理过程中，根据环境的变迁、组织任务的转变等，维护组织的正常高效运作，并适时进行组织的变革，增强组织的应变能力。

（2）组织力量的整合者。为了使组织中的各部门和全体人员能协调一致地进行工作，公共管理者就需要整合各种力量，建立高效的信息沟通网络，处理好组织内外的各种关系，合理安排人员，位得其人，人适其位，人尽其能，制定合理的、人道的规章制度，使分散在不同层次、部门、岗位的组织成员的工作，朝着同一方向、同一目标努力。要充分有效地配置和发挥组织的各种资源，公共管理者就必须整合各种利益，充分调动各部门、各组织成员的积极性。

（3）组织文化的培育者。组织不仅由各种硬件设施构成，还需要一种"软性"的协调力和凝聚力，这种无形的力量是推动组织有效运行的内在动力，我们称之为组织文化，它是管理的灵魂。就组织的本质而言，它是一个为了实现特定目的而建立的社会集团。为了维持其正常运作，组织必须具备共同的目标、理想、价值追求和行为准则，以及与之相匹配的机构和制度。否则，组织将失去凝聚力，变成一盘散沙。组织文化的核心使命是塑造这些共同的价值观念体系和行为准则。其中心是围绕人的需求和发展的人本文化，管理方式以软性管理为主导，通过增强群体的凝聚力来实现目标。因此，作为公共管理者，必须严于律己，具备高尚的道德品质和人格魅力，秉持正确的价值理念，作风正派，以身作则，应当肩负起引领和推动组织成员共同构建和维护优良组织文化的重任。

4. 协调方面的社会角色

所谓协调，就是公共管理者采取各种措施和方法，使自己的管理系统同外部环境及本系统内部各个部门和人员协调一致，相互配合，以便高效率地实现组织目标的行为。协调在管理活动中具有重要作用。协调者扮演的主要角色如下。

（1）沟通者。沟通在管理活动中起着非常重要的作用。管理过程中的各种矛盾冲突主要是由缺乏沟通或者沟通不够造成的，为了进行有效的管理，公共管理者必须采取各种方法和手段，协调组织内部的各种因素，与下属经常进行信息、感情交流，与外部建立良好的联系，这样才能为组织的发展营造一个和谐健康的环境，使组织成为一个团结向上的整体。沟通是组织的生命与活力之所在，也是组织与外界发生联系的主要手段。管理工作离开了沟通，就寸步难行。如果一个组织或者团体对内对外的沟通渠道发生了问题，也就是沟通途径和线路被堵塞了。

（2）故障排除者。在组织的运行过程中，由于内部和外部环境的复杂多变，难免会遇到各种问题和挑战。公共管理者在与外部和内部各方沟通协作的过程中，必须敏锐地察觉到潜在的障碍和故障，并迅速采取行动来消除它们，确保组织能够沿着既定的轨道稳健前行。在管理活动中，公共管理者肩负着至关重要的任务：不仅要及时发现和解决问题，还要确保组织决策的有效执行，维护组织的良好秩序，以保障组织目标的顺利实现。

（3）冲突调解者。矛盾是普遍存在的，贯穿于组织的每一个角落。公共管理者的一项核心职责就是敏锐地察觉并妥善调解组织内外出现的各种矛盾冲突。这些矛盾可能源自组织与组织之间、个人与个人之间，以及个人与组织之间的利益纠葛。在调解这些利益冲突时，公共管理者必须坚守以人为本的原则，展现出对人的深切关怀、理解和尊重。在处理过程中，他们需要保持客观公正，灵活应对，把握全局，以化解矛盾并转变其为积极的推动力量。通过这样的努力，公共管理者能够促进组织的各项工作协调一致，从而充分调动人们的积极性和创造力。

（二）公共管理者的基本素质

公共管理者的素质是充当管理角色、完成特定管理职责、发挥特定影响和作用所依凭和利用的各种条件。公共管理者必须具有一定的素质和能力，才能胜任所承担的职责、遵守相应的角色规范。公共管理者应该具备的主要素质包括政治素质、法律素质、知识素质、能力素质、道德素质和身心素质等。

1. 政治素质

公共管理者的政治素质，是指公共管理者在政治方面所具有和表现出来的基本特质，是公共管理者从事管理活动必须具备的政治立场、政治观点、政治态度和政治品质等各方面的总和。

（1）报效国家，忠于政府，服务人民。公共管理者不同于普通的管理人员，他们承载着国家大政方针的决策与执行之责，身处独特的地位，担负着至关重要的使命。他们的忠诚度和对公众的服务态度，直接关系到国家政权的稳固性，对国家的长治久安和整个社会的繁荣发展具有深远的影响。因此，报效国家、忠于政府、服务人民，构成了公共管理者不可或缺的首要政治素质。

（2）为人民谋利益，人民的利益高于一切。公共管理者是国家和人民利益的代表者和代言人，必须全心全意为国家和人民的利益服务，在公务活动中，始终牢记人民的利益高于一切，绝不能谋求私利，更不能以权谋私。虽然公共管理者也有自己的利益追求，但必须是合法的，绝不能损害公共利益。公共管理者要坚定地站在国家和人民的立场上，想问题、办事情，要时时牢记国家和人民的利益，一切从国家、民族和人民的利益出发，做人民的公仆，全心全意为人民服务，真正代表人民的利益。

（3）具有高度的政治觉悟和政治责任感。公共管理者应怀揣崇高的理想和追求，坚守坚定的信念，并具备高度的政治觉悟。他们对待工作须认真负责，勇于承担责任。鉴于其职位的非凡性和重要性，公共管理者的行为将直接关乎国家和人民的利益。因此，他们必须具备强烈的政治责任感，始终站在国家和人民的立场上审视、分析和解决问题。在政治立场上，他们应自觉与政府保持高度一致，并持续加强自身的世界观、人生观和价值观的塑造，以对人民和社会保持高度的责任心。

2. 法律素质

实行依法治国，是党治国方略的重大转变，也是公共管理方式和手段的转变，即主要通过法律手段来实施管理，实现从人治到法治的根本转变，这就要求公共管理者必须具备良好的法律素质。

（1）公共管理者要掌握相关的法律知识。知法是守法的前提和基础。公共管理者必须深入学习并掌握相关法律知识和规定，以提高自己遵纪守法的自觉性和法律素养。扎实的法律知识不仅是提升依法管理国家和社会公共事务能力水平的基石，也是新时代公共管理者能否胜任工作的重要衡量标准。

（2）公共管理者要具有正确的法治意识。法治意识是人们对法治现象的一种主观反映，从根本上讲，公共管理者的法律素质和法治意识，直接体现一个国家的法治水平，反映其法制的状况，因而增强法治意识就成为具备法律素质的一个重要方面。作为公共管理者，必须强化自己的法治意识，自觉维护宪法和法律的权威，树立依法管理、依法行政和依法办事的意识，提高依法管理社会公共事务的能力。

（3）公共管理者要依法管理，注重守法。公共管理者代表人民的利益，大多身居一定的职位，手中握有一定的权力，承担着立法、司法、执法或者法律监督等方面的公共事务，在一定程度上是国家和政府的代表，因而也是全民关注和效仿的榜样。公共管理者不仅要教育群众守法，而且自己要身体力行，严格守法，严格在宪法和法律规定的范围内活动，绝不能凌驾于法律之上，要严格按照法定的程序办事，坚持法律面前人人平等的原则，自觉维护法律的权威。

3. 知识素质

知识素质是指公共管理者做好本职工作所必须具备的基础知识与专业知识。它是公共管理者做好工作的基础条件，公共管理者应该掌握以下三方面的知识。

（1）基础知识。基础知识是公共管理者知识体系的基石，是他们从事管理工作的先决条件。一个合格的公共管理者，必须具备坚实而广泛的基础知识。这些基础知识包括但不限于以下五个方面：第一，科学文化知识是公共管理者必须掌握的基础中的基础，它涵盖了语文、数学、历史、地理、生物、化学、自然、哲学、逻辑学等领域的知识。这些知识为公共管理者提供了广阔的知识视野和扎实的学术基础。第二，社会科学理论知识是指导公共管理工作的重要思想武器。它揭示了人类社会的普遍规律和本质，为公共管理者提供了处理社会问题的理论框架和方法论。第三，政策法规知识对于公共管理者来说具有特殊的重要性。这包括党的路线、方针和政策，以及国家的宪法、法规和各种规章制度。这些政策法规是公共管理者进行决策和行动的指南，确保他们的工作符合国家的法律法规和政策要求。第四，现代科技知识也是公共管理者必须掌握的重要方面。通过学习和掌握现代科技知识，公共管理者可以了解科技发展的最新动态，提高科技素质，更好地理解和应用科技手段来推动公共管理工作的创新和发展。第五，社会主义市场经济知识是公共管理者在新时期经济工作中必须具备的知识。只有掌握了社会主义市场经济的基本知识，公共管理者才能把握市场经济发展的规律，有效推动经济工作，并在实际工作中获得主动权。

（2）专业知识。专业知识是公共管理者知识结构的核心和主体部分，也是区别于其他领域人才知识结构的主要标志。专业知识的内容丰富，就管理工作的共性来说，公共管理者要精通包括经济管理、行政管理、科技管理、人才学、领导科学、思想政治工作等专门知识。

（3）相关知识。相关知识也叫辅助知识，它是公共管理者知识结构的一个重要组成部分。公共管理者应该着重学习和掌握社会科学、人文科学和自然科学等方面的相关知识。

4. 能力素质

作为现代公共管理者没有一定的能力是绝对不行的，只有一种能力也是不行的，必须具备多种较强的综合能力，才能适应工作的需要，成为一个合格的公共管理者。

公共管理者应具备的技能包括技术性技能（technical skills）、人际关系技能（human skills）、概念化技能（conceptual skills）、诊断技能（diagnostic skills）和沟通技能（communicative skills）五个方面。技术性技能是公共管理者在其管理领域内所必须掌握的专业技术与方法，这些技能确保他们能够有效地执行日常管理工作。人际关系技能是公共管理者进行团队协作、整合各方资源的关键能力，它对于建立和维护良好的工作关系至关重要。概念化技能则体现了公共管理者的宏观视野和系统思考能力，这种技能使管理者能够从整体上把握问题，制定战略和长远规划，以应对复杂的挑战。诊断技能是公共管理者在面对特定情境时，能够迅速分析问题、探究原因并找到最佳应对策略的能力。这种技能对于公共管理者在复杂多变的环境中做出明智决策至关重要。此外，沟通技能也是公共管理者不可或缺的能力之一。这包括书写、口头和身体语言的表达能力，以及通过现代通信媒体与他人有效沟通的能力。公共管理者需要能够清晰、准确地传达自己的想法、感受与态度，同时也要能够迅速理解他人的信息，洞察他人的想法与感受。

5. 道德素质

公共管理者的道德素质是公共管理者在管理活动中自觉遵守社会规范，恪守管理职业道德的素质。道德素质是公共管理者成功道路上的主宰力量，公共管理者有道德、有修养才有影响力和号召力；才能团结下属完成领导任务，得到群众的信任、尊重和拥护；才能实现有效管理；才能创造健康的组织氛围，增强组织的向心力、凝聚力和战斗力；才能减少内耗，保障管理工作的顺利进行，取得良好的管理效益。

公共管理者的道德素质是一个复杂的结构系统，它由公共管理者的道德评价、道德选择、道德调节、道德教育、道德追求素质等要素构成。具体来说，公共管理者应具有社会基本道德和职业道德等各层面的品德修养。

（1）社会基本道德。作为公共管理者，首先也是普通公民，他来源于群众，是社会上普通的一员，因此公共管理者必须具备社会的基本道德修养。社会的基本道德包括社会公德、家庭生活道德等。主要内容有讲文明，讲礼貌，尊重他人，诚实，有良心，热爱生命，热爱自然，支持公益事业，富有同情心，讲信用，爱护环境，讲究卫生，爱护公共设施和公共财产，遵守交通规则，维护公共秩序，善于处理邻里关系，在生活上勤俭节约，珍惜资源，反对挥霍浪费，不贪图享乐，有良好的生活习惯，堂堂正正做人，有良好、健康、向上的生活追求和感情世界，通情达理，豁达开朗，孝敬父母，关爱后代正确对待家庭生活，维护集体形象和声誉，等等。

（2）职业道德。公共管理者的职业道德，集中体现在用什么样的观念和态度来对待自己手中的权力，以及怎样正确处理在管理活动中遇到的各种关系和问题。当今社会，对公共管理者的职业道德提出了多方面的、严格的要求，主要有以下两个方面：一是崇高的道德情操和高尚的人格，公共管理者要有崇高的理想和信念，这样在生活、工作中才会追求崇高的目标，才能远离庸俗和低级趣味，才能有所作为，积极进取，乐观向上；二是有全心全意为人民服务的道德情操，树立正确的世界观、人生观、价值观，做到"先天下之忧而忧，后天下之乐而乐"，不计较个人的荣辱得失，严格要求自己，经常反省自己的行为，通过内心体验，使自己的行为不断得到矫正、精神境界不断升华、品德修养不断提高，使自己成为一个高尚的人，一个纯粹的人，一个有道德的人，一个脱离了低级趣味的人，一个有益于人民的人。

公共管理者的职业道德核心在于他们如何认识和运用手中的权力，以及如何处理管理过程中所涉及的各种关系和问题。在现代社会，对公共管理者的职业道德有着多方面且严格的要求。

首先，公共管理者应具备崇高的道德情操和高尚的人格。他们应怀有远大的理想和坚定的信念，这些将成为他们生活和工作的崇高追求目标，使其远离庸俗和低级趣味，保持积极进取、乐观向上的态度；全心全意为人民服务，坚决抵制享乐主义、拜金主义和极端个人主义的侵蚀，经受住金钱、美色、权力的考验；同时，公共管理者应树立正确的世界观、人生观和价值观，应始终将国家和人民的利益放在首位，以"先天下之忧而忧，后天下之乐而乐"的精神为指导，不计较个人的荣辱得失，严于律己，经常反省自己的行为，通过内心体验来矫正自己的行为，不断提升自己的精神境界和品德修养，努力成为一个高尚、纯粹、有道德、脱离低级趣味且有益于人民的人。

其次，要有端庄正派的良好作风。公共管理者的行为应该端庄正派，对上不吹不拍，对下不欺不压。公共管理者要维护团结和统一，不培植私人势力，不搞宗派主义和小团体主义，坚决反对阳奉阴违的两面派行为和阴谋诡计；实事求是，不唯书，不唯上，只唯实。密切联系群众，讲信用，求真务实，真抓实干，言行一致，表里如一，不投机取巧，不搞花架子，不好大喜功，不沽名钓誉。谦虚谨慎，不骄不躁，不固执己见、自以为是，不压制民主政策；以身作则，身体力行，公道正派，不以主观好恶来对待人，用发展的眼光看人，真诚地关心下属，帮助下属，不嫉贤妒能。

再次，要有宽容诚实的优良品质。公共管理者应践行群众路线，广泛与群众沟通交流，虚心倾听群众和专家的建议，善于汇聚各方智慧，避免主观臆断和武断决策；应秉持"有容乃大"的原则，以宽广的胸怀作为真正的公共管理者之标志。这种胸怀能团结各方力量，有效地开展管理指导工作，赢得下属的尊重和信任，并吸引各类人才。公共管理者的宽容豁达不仅体现在对待他人的宽容和诚实谦逊上，更体现在自我约束和勇于承担责任上。此外，还要勇于自我剖析，敢于正视并承认自己的错误，不回避过失，并敢于承担由此产生的责任。

最后，要勤政为民、廉洁奉公。勤政为民、廉洁奉公是公共管理者道德素质的主要内容。勤政为民是公共管理者道德的价值核心。它要求公共管理者忠于职守，勤于政事，为人民多办实事、好事，对工作兢兢业业，认真负责，不搞形式主义，不弄虚作假，不文过饰非。公共管理者要以国家、人民的利益为重，为公众谋福利。公共管理者能否公正廉洁，不仅是经济问题、道德问题，而且是政治问题。那种贪污腐化、以权谋私的行为，完全违背了公共管理的宗旨和原则，损害了国家和人民的利益，损害了政府的形象和威信，必须予以坚决抵制和惩罚。

6. 身心素质

身心素质是公共管理者必不可少的、重要的基础性素质。管理工作是一项高强度的社会活动，是具有高度综合性的复杂劳动，公共管理者决策、组织、领导、指挥、协调、监督、控制等工作都需要大量的体力与脑力，没有良好的身体和心理素质，就难以胜任超负荷的工作，就不可能完成管理任务。

（1）公共管理者要有健康的体魄。"身体是公共管理者素质的物质基础、物质载体、物质依托、生理依据，是公共管理者全部素质的物质平台。公共管理者用来处理高难度的复杂工作所借助的能力素质、知识素质等都必须依靠充沛的精力来支撑。而精力不济或者身体虚弱就意味着心智无法活跃，无法积极活动，甚至会造成心神散乱、行为错误，使智慧处于停滞状态。因此，作为公共管理者要有极其顽强的生命力，要有较好的身体素质，这样才能适应管理工作的需要。"①

（2）公共管理者要有良好的心理素质。良好的心理素质对公共管理者而言至关重要，它影响着他们的决策、领导风格及应对挑战的能力。公共管理者需要在认知、情感、意志和性格等方面展现卓越的心理素质。在认知层面，公共管理者应具备敏锐的感知力、全面的知觉能力、深入透彻的认知能力、持久的注意力、精准且持久的记忆力、健全的思维能力及出众的智力，使他们在面对复杂问题时能够迅速分析、准确判断，并做出明智的决策。在情感方面，公共管理者应拥有丰富而饱满的情感，这些情感应当成熟、得体、恰如其分，以建立和谐的人际关系。在意志过程方面，公共管理者应展现出高度的自觉性、果断性、能动性和坚定性，在困难面前保持坚定的信念和决心。在性格方面，公共管理者应具备成熟、稳健、持重的性格特质；同时，还须刚柔并济、宽容大度，展现出自信乐观、积极向上的精神风貌。

---

① 　梁仲明，李尧远，周明. 公共管理导论［M］. 北京：清华大学出版社，2012：67.

第二章　公共管理的理论依据及发展

第一节　公共管理的经济学理论

在公共管理学诞生之前，公共行政学和经济学是两个独立且互不交叉的研究领域，分别指导着政府行政部门的管理活动。然而，随着官僚制模式下公共部门运行障碍的日益凸显，以及政府万能神话的破灭，人们开始寻求新的组织形态和理论框架来指导公共部门的运行和公共事务的管理。在这一背景下，经济学凭借其强大的理论阐释力和广泛的实践应用性，逐渐成了可以借鉴和辅助的重要理论资源。

一、公共选择理论

公共选择理论（Public Choice Theory）产生于 20 世纪 40 年代末，到 60 年代末形成一种学术思潮。1948 年，英国北威尔士大学教授邓肯·布莱克发表《论集体决策原理》一文，为公共选择理论奠定了基础，被称为"公共选择理论之父"。詹姆斯·布坎南后来成为这一理论的主要代表人物和集大成者。

公共选择就是通过集体行动和政治过程来决定公共物品的需求、供给和产量，是对资源配置的非市场选择，也即政府选择。缪勒指出："公共选择的主题就是政治学的主题：国家理论、选举规则、选民行为、党派政治、官僚体制，等等。然而，公共选择的方法却是经济学的方法。像经济学一样，公共选择的基本行为假定是：人是一个自私的、理性的效用最大化者。"[①]"经济人"假设理念则认为，在市场经济环境下，个体都具备经济理性，他们基于成本和收益的理性计算，追求个人效用的最大化。因此，经济理性和个人利益最大化是"经济人"的

---

① [美]丹尼斯·缪勒.公共选择 [M].张军译.上海：上海三联书店，1993：1.

两个核心特质。而公共选择学派则将这一"经济人"理念应用到了对政治参与者的分析中，他们认为政治参与者同样符合"经济人"的特点，他们的行为也是以追求个人利益最大化为目标。无论是政治市场还是经济市场，活跃的都是同一类人，即那些寻求自身利益最大化的人。在公共选择理论中，政治参与者与经济市场中的个体被视为同一类人。公共选择理论的宗旨在于，将政治行为与市场经济行为纳入一个统一的分析框架中。但是，经济市场和政治市场有着不同运行规则，追求个人利益最大化的经济人在不同规则下相同的逐利目的会导致大相径庭的结果。经济市场下的理性个人通过价值规律追求个人利益最大化造就经济的繁荣和进步，而政治市场下的理性个人的自利行为带来的却是政治腐败和行政无效率。正因为政府官员也是自利的理性经济人，因此，必须充分发挥社会多元主体参与公共选择的作用以增强协调与制衡。

将公共选择理论应用到公共管理领域，其深远意义主要体现在以下四个方面：首先，通过引入经济学的假设和研究方法，公共选择理论极大地拓宽了公共管理研究的学术视野和研究途径。其次，公共选择理论以自利、理性的经济人假设作为研究公共管理行为主体的出发点，能够更加合理、准确地分析、判断、解释和预测公共管理领域中人们的行为。这种新的理论视角为公共管理提供了比传统公共行政更加坚实的理论基础。再次，对公共选择本质的深入理解有助于推动公共治理中的参与式民主和协商民主。这种理解能够增强社会不同主体之间的沟通与互动，有助于增进共识、化解冲突，进而促进社会的和谐与稳定。最后，通过公共选择理论来观察和分析公共管理的运行，有助于增强宪政理念和法治理念。这不仅能够推进制度创新，促进法治建设和政治民主建设，还能够强化对公权力的监督制约，从而更有效地遏制、治理腐败。

二、政府失灵论

一些古典经济学家认为，市场是一部运作精巧、成本低廉、效益最佳的机器，能够有效地调节经济运行及各经济主体的活动。但是，市场无法自动达到帕累托最优状态。市场机制在促进国民经济的长期持续发展、回应外部效应、有效生产并供给公共物品与公共服务、促进收入的公平分配、抑制经济波动，以及淳化和维系社会道德等方面都会失灵。因此，需要政府力量介入予以矫正和弥补，这就为政府干预提供了理由。然而，市场失灵并不是政府干预的充分条件，市场机制解决不了的问题，政府也不一定都能解决。"企求一个合适的非市场机制去避免非市场缺陷并不比创造一个完整的、合适的市场以克服市场缺陷的前景好多少。换言之，在市场'看不见的手'无法使私人的不良行为变为符合公共利益行为的地方，可能也很难构造'看得见的手'去实现这一任务。"① 政府失灵（Government Failure）是以布坎南为代表的公共选择学派在分析市场经济条件下政府干预行为的局限性或非市场缺陷时所涉及的一个主题，是公共选择理论的研究重点。政府失灵是指国家或政府的活动并不总是如同它所应该的，或者如同理论上所认为能够做到的那样"有效"。换言之，政府失灵是政府对经济社会事务干预过多或干预不力，或实施了错误的干预。

政府失灵的主要原因可以归结为以下四个方面：第一，决策失误与技术局限。即使政府秉持公正无私的立场，也可能因为信息不全、判断失误或技术能力缺失等因素，导致在干预市场或社会事务时产生不当的决策。第二，政府内部利益驱动。政府及其部门机构并非完全公正无私，它们也是由具有个人利益诉求的官员组成。这些官员作为"经济人"，可能受到各种利益诱因的影响，从而导致政府决策偏离公共利益或行为失当。第三，自然垄断性导致的低效。政府作为一种自然垄断性组织，在特定领域拥有绝对的权力和资源。然而，这种垄断地位可能导致政府内部缺乏创新和改革动力，进而产生低效率现象。第四，成本与收益分离与缺乏竞争。政府运作的成本与收益往往不直接挂钩，这导致官僚机构在运作过程中容易低效率。

政府失灵论从根本上指出了官僚政治体制的缺陷，从而为寻求解决政府低效率问题的对策拓展了重要思路。对政府失灵的知识构成公共管理改革的一个重要理论基础。基于这样的认识，使得通过制度创新或重塑政府，在公共服务和公共物品的供给中引入竞争机制以提高供给的效率与质量，以及通过多元参与合作共治的方式提高公共治理和规范制约政府行为等新的改革理念和改革方略的推行成

---

① ［美］查尔斯·沃尔夫. 市场或政府——权衡两种不完善的选择［M］. 谢旭译. 北京：中国发展出版社，1994：34.

为可能。

三、委托-代理理论

委托-代理理论最初起源于对私人部门中所有者与经营者或雇员之间关系的深入探索。研究发现，代理问题并非仅限于私人部门，而是普遍存在于各种具有科层结构的组织，包括公共组织在内。在委托代理关系中，核心问题集中在委托人与代理人之间的目标冲突及信息不对称上。基于有限理性和机会主义的经济人假设，代理人的利益与委托人的利益往往并不一致。在这种情境下，代理人可能会为了追求自身利益，而将委托人的利益置于次要地位，甚至不惜牺牲委托人的利益来谋取个人利益。这种行为模式常常导致逆向选择和道德风险问题的产生，这在现实生活中各领域都屡见不鲜。在公共管理领域，选民与政治家、政治家与官僚之间形成了双重委托代理关系。政治家被期望代表选民的意愿，而官僚则作为代理人，依据显性或隐性的契约负责公共服务和物品的供给。理论上，官僚应当忠实执行政治家的意愿。然而，在实际运作中，由于公共服务和物品的非市场性质、利润激励的缺乏及官僚机构的实际垄断地位，官僚往往掌握着更多关于公共服务和物品供给需求、种类和数量的信息。这种信息不对称使官僚处于优势地位。因此，在政治家与官僚之间的契约及其互动行为中，很可能出现严重的逆向选择和道德风险问题。类似的问题也可能出现在选民与政治家之间，或公众与政府之间。

依据参与约束和激励相容理论，采取何种激励与监督相容的制度，尽可能使政府及其机构提供公共物品、公共服务的目标与方式不偏离、不背离公共利益，正是公共管理学研究的重要主题之一。从公共管理理论与实践结合的维度考量，委托-代理理论的阐释意义在于：第一，必须尽可能缩小公众（委托人）与政府（代理人）之间对目标认识的差距，使政府能真正了解公众的意愿，明确公众的利益之所在，并以之为自己的工作目标；第二，必须采取切实有效的措施减少和避免公众与政府之间存在的信息不对称现象，提升政府决策与政府管理运行的透明度；第三，公众必须选择有效机制来对政府及其官员实施监督制约。在政府与公众的委托代理关系中，政府责任的履行成为决定这种委托—代理关系存续的最重要因素。如果政府无法回应公民的期待和信任，就有可能出现责任危机和信任危机，就会危及委托—代理关系的存续。因此，为了确保政府部门和官员与公众之间的良好沟通，并促使他们积极承担和履行责任，以实现公共利益的最大化，需要依据委托代理关系的参与约束和激励相容约束的理论，建立起一套明确的责任机制、激励机制和责任追究机制，这套机制应覆盖到各级政府、政府部门及政府官员。这套复合机制的运作应确保政府部门和官员的行为，无论是基于民主授权还是行政授权，都能在政治责任、行政责任、法律责任与伦理责任这四个维度上得到正确的导引、有效的激励、规范的约束。这样不仅能确保政府部门和官员的行为与公共利益保持一致，还能提升他们的积极性和责任心。此外，委托代理理论的引入也为公共部门提供了新的视角。通过契约化的方式，公共部门可以采取多种手段提供公共物品，这不仅有助于政府职能的转换，也为提升公共物品供给的效率与质量提供了坚实的理论基础。

四、交易成本理论

交易成本经济学产生于 20 世纪 30 年代。自 20 世纪 70 年代中叶以后研究交易成本的经济学派成为现代经济学中最为活跃的一个学派，西方许多学者都曾对交易成本经济学的发展做出重要贡献。促成交易成本经济学产生和发展的最为直接和重要的理论渊源是科斯的经典论文《企业的性质》。

科斯通过引入交易成本概念，正式提出并分析了这个被新古典经济学所忽视的命题。依据科斯的分析，交易成本可以概括为搜寻成本、谈判成本、缔约成本、执行成本和监督成本五个方面。之后，学者们从不同维度对交易成本进行了界定，如 K. 阿罗把交易成本定义为"运行经济系统的费用"；Y. 巴泽尔将交易成本界定为"与转移、获取和保护权利相关的费用"；E. 菲吕伯顿则认为"交易成本包括那些用于制度和组织的创造、维持、利用、改变等所需资源的费用"。①

在多种情况下，交易费用会显著上升，这些情形包括产权关系界定不明确、

---

① ［美］亚力山德拉·贝纳姆. 交换成本的测量 ［M］. 刘刚等译. 北京：经济科学出版社，2003：428.

环境的不确定性、信息不对称导致的契约模糊性、人类在有限理性和规则不足时表现出的机会主义行为，以及交易对象的资产专用性，即物质资产和人力资本只能服务于特定目的。此外，政府组织的寻租和设租行为也会推高交易成本。这些费用的增加不仅降低了交易的收益率，更可能引发人们对制度激励和约束功能的质疑。然而，合理的制度安排和制度创新能够成为解决这一问题的关键。通过有效的制度设计和创新，能够显著地控制和减少交易成本，从而提高经济活动的内在效率，为经济的可持续增长提供有力支持。

换言之，当一种制度规则无法控制不道德的机会主义行为而呈现交易成本不断增加的时候，或者一种制度规则由于交易费用高昂而难以推行的时候，就需要依照一定的路径进行制度变革或创新，否则经济社会的运行就难以维系。

在公共管理的实践中引入交易成本理论意义重大。从政治成本、经济成本、管理成本和社会成本的多维视界考量公共管理运行，特别是政府行为的效率与效能问题，才能审视其是否及在多大程度上具备合理性与合法性，并找到症结所在。例如在公共管理的制度法规制定和实施方面，需要考察和解决其是否能在上述诸方面实现交易成本最小化的问题。制度法规是最重要的公共物品之一，因此需要予以特别的审视。在政府决策方面，需要检视其决策模式、决策机制与决策过程是否优化，能否实现优质、高效和低成本的决策。在公共物品与公共服务供给方面，需要认识政府机制、市场机制与社会机制都有其不可替代的作用，并能通过不同的方式实现协调合作。在各个特定的公共事务和公共政策领域中以上述的何种机制介入，及其介入的方式与程度，取决于对交易成本的综合考量。在对政府实施监督的方面，只有真正解决实施监督和反腐败成本太高而官员腐败的成本太低的突出问题，才能有效遏制和治理腐败。

第二节　公共管理的管理学理论

管理学理论与实践在公共管理学的演进中占据了举足轻重的地位，泰勒的科学管理理论及梅奥的霍桑试验所代表的行为主义管理理论，不仅在传统公共行政理论的发展中起到了核心作用，而且至今其影响力仍然显著。特别是行为学派理论，它强调人作为社会人的特性，主张管理者应超越简单的"经济人"视角，从社会和心理层面激励员工，并通过促进社会互动与合作来提升工作效率。在全球范围内，自20世纪中后期以来，私营部门为了更直接地应对市场挑战和竞争压力，其管理实践经历了飞速的发展，诞生了一系列创新的管理理念、方式和技术。与此同时，长期受官僚制影响的公共部门却面临着种种问题，效率低下成为普遍现象。因此，将私营部门先进的管理理念、方式和技术引入公共部门，变得既必要又可行，这已得到了实践的验证。特别是在20世纪80年代以后，随着知识经济和信息革命的兴起，新管理主义对公共管理理论与实践产生了直接而深远的影响。

一、目标管理理论

目标管理（Management by objectives，MBO）亦称"成果管理"。1954年，彼得·德鲁克在其名著《管理实践》中首先提出这一概念，之后他又提出"目标管理和自我控制"的主张。德鲁克认为："并不是有了工作才有目标，而是相反，有了目标才能确定每个人的工作。所以，'企业的使命和任务，必须转化为目标'；如果一个领域没有目标，这个领域的工作必然被忽视。因此，管理者应该通过目标对下级进行管理；组织的最高层管理者确定组织目标后，必须对其进行有效分解，转变成各个部门及员工个体的分目标，管理者根据分目标的完成情况对下级进行考核、评价和奖惩。"① 1965年，乔治·奥迪奥恩在《目标管理》一书中对这一理论做了进一步阐述。这一管理方法的形成是基于泰勒的科学管理和梅奥的行为科学理论（特别是其中的参与管理理论）。目标管理方法被企业和政府部门广泛采用。

目标管理具有三个显著特点第一，以人为本的管理理念。目标管埋是一种强调民主参与和自我控制的管理模式，注重将个人的发展需求与组织的长远目标相结合。在这种管理模式下，上下级之间的关系建立在平等、尊重和相互支持的基

---

① ［美］彼得·德鲁克. 管理的实践（中英文双语版）［M］. 北京：机械工业出版社，2020：466-490.

础上，员工在得到授权并承诺目标后，将表现出高度的自觉性、自主性和自我管理能力。第二，系统化的目标体系。目标管理通过精心设计的流程，将组织的整体目标细化为各个部门和员工的子目标。这一过程中，不仅确保了各个层面主体的权责利相匹配，而且使得这些目标在方向上保持一致，形成紧密相连、相互契合的目标体系。第三，成果导向的评估机制。目标管理以明确的目标制定为起点，以目标完成情况的考核评估为终点。在这一过程中，工作成果成为衡量目标完成程度的重要标准，也是对员工进行奖惩的重要依据。

从本质上看，目标管理是一种成果导向的参与式管理。其管理理念和管理方式不仅适用于企业，而且也可广泛应用于公共部门管理。引入目标管理有助于提高政府的生产力和竞争力，改善政府绩效。例如目标管理通过组织成员参与方式设定合理的目标，有助于在公共部门形成更好的工作激励；目标管理能给予官员较大的自由裁量权，有利于增强其灵活性，提升工作效率；目标管理有助于在公共部门建构和运行绩效管理体系，从而改善公共部门的运行效率。但是，目标管理在政府部门的应用也会受到一些局限。例如目标管理运行的有效性在很大程度上依赖于信任与互信，然而在官僚制组织中却不易建立充分的信任；公共部门的目标往往比较模糊，不易量化，因此，其结果也不易测定；目标管理的实施通常适用于中等时段的周期（如一年左右），因而在公共组织实施较短或较长时段的任务时，目标管理的适用性就受到限制。

二、战略管理理论

"战略"一词本是军事术语。1965年，美国战略科学家安索夫在其著作《企业战略》中使用"战略管理"一词，将战略的概念从军事领域拓展至经济管理领域。企业战略管理思想视商场如战场，用军事战略的理念和方法来指导、获取商战的胜利。企业战略管理思想是指导战略制定实施的基本思路和观点，是企业战略管理的灵魂。对于战略管理的看法主要有两大学派，即行业结构资源学派和内部资源学派。明茨伯格进一步将战略管理划分为设计学派、计划学派、权力学派和结构学派等十个学派。

在当前的商业环境中，战略管理领域涌现了三种核心思想：战略联盟、战略竞标及战略再造。战略再造着眼于整个经营单位的全面革新，其核心是全面审视和优化组织结构、目标体系、激励机制、公司文化及工作流程，确保它们与组织的战略目标紧密相连。战略竞标聚焦于产品、服务和管理领域的竞争，旨在通过不断适应外部环境的变化，持续比较和衡量自身与竞争对手的优劣，从而争取行业领先地位。战略联盟则代表了 20 世纪 90 年代以来国际上广泛采用的一种新型战略合作理念。它鼓励两个或多个企业为共同的战略目标建立长期合作关系，实现"竞合"共生的新局面，即在竞争中寻求合作，在合作中保持竞争力。

战略管理的核心在于明确并实现组织的战略目标，为未来的发展描绘蓝图。它强调对组织长远和整体利益的全面规划与实施，确保所有成员都理解和认同组织的愿景、目标和使命，并为之共同努力。同时，战略管理十分注重外部环境对组织发展的影响。面对不断变化的外部环境，组织需要敏锐地捕捉机会，规避或应对威胁，并据此进行战略调整。战略管理是一个涵盖了环境分析、战略规划、战略实施及战略评估的完整流程。

自 20 世纪 80 年代以来，战略管理日益受到公共部门的重视。战略管理在公共部门的应用所取得的积极成果表明，实施战略管理有助于公共部门为确定发展愿景而进行具有充分前瞻性的战略思考，为组织的发展确定战略方向；有助于公共组织在当代社会变动不居的复杂环境中强化组织适应能力和竞争力，提升管理运行效率；有助于为公共部门组织运行设计和实施追求卓越的服务标准。但是，战略管理在公共部门中的应用也会受到一些局限。如政府任期的短期性及其短期行为取向有可能使长期战略难以施展；部门主义的限制有可能使全局战略观难以形成和贯彻。

三、绩效管理理论

绩效概念的应用肇始于工商企业，其含义是指工商企业管理活动的结果和成效。它比机械效率概念更能表现出一个企业的整体表现和状况。绩效需要管理。在工商管理中，罗伯特·巴克沃认为，绩效管理是"一个持续的交流过程，该过程由员工和其直接主管之间达成的协议来保证完成，并在协议中对未来实现明确的目标和理解，并将可能受益的组织、管理者及员工都融入绩效管理系统中来。"① 理查德·威廉姆斯概括了有关绩效管理的三种不同观点，认为"绩效管理是管理组织绩效的一种体系；是管理雇员绩效的一种体系；是把对组织的管理和对雇员的管理结合在一起的体系"。②

把绩效理念应用于公共管理中，其含义是指公共管理运行的结果、效益和效能。以下两种界定具有代表性：胡雷等人认为，绩效管理是改进公共组织和公共项目的生产力（Productivity）、质量（Quality）、时效性（Timeliness）、回应性（Responsiveness）及有效性（Effectiveness）的综合系统，它是一种"融入多种判断价值的工具模式"；而克内和伯曼等人则简洁地将绩效管理定义为"面向结果的公共项目管理"（Managing Public Programs for Outcomes），他们认为，绩效类似于生产力概念，但前者比后者的含义更加广泛。生产力概念一般仅仅指效率、效益等，而公共部门的目标远比私人部门的目标更加复杂，因而公共绩效是多元的，在效率、效益、公正等方面同等重要。

人们认为，绩效管理的经典性定义是美国负责国家绩效评估的绩效衡量小组（Performance Measurement Study Team）所作出的。这一定义认为，绩效管理是"利用绩效信息协助设定同意的绩效目标，进行资源配置与优先顺序的安排，以告知管理者维持或改变既定目标计划，并且报告成功符合目标的管理过程"。③简而言之，绩效管理是对公共服务或计划目标进行设定与实现，并对实现结果进行系统评估的过程。

为了有效实施绩效评估工作，要采取科学的方法和灵活的绩效管理工具，并同时加强和完善监督机制。绩效评估的成功实施依赖于各级政府建立并优化责任目标的管理流程，确保人力、物力、信息和技术等资源的合理配置和高效利用。此外，运用科学合理的方法至关重要，同时，也要充分利用市场机制，在提供公共服务的组织之间引入竞争机制，以推动服务质量的提升。各种绩效管理和评估

① ［美］罗伯特·巴克沃. 绩效管理：如何考评员工表现［M］. 陈舟平译. 北京：中国标准出版社，2000：4.

② ［美］理查德·威廉姆斯. 组织绩效管理［M］. 蓝天星翻译公司译. 北京：清华大学出版社，2000：13-15.

③ 张成福，党秀云. 公共管理学［M］. 北京：中国人民大学出版社，2001：271.

工具需要根据具体情况灵活运用，以确保绩效评估工作的全面性和准确性。

绩效管理在公共部门中占据举足轻重的地位。以绩效管理为基石，公共管理正逐步转向以结果为导向，而非过度依赖程序和规则。尽管程序和规则在公共管理中不可或缺，但实现预期结果才是其核心目标。当前，公共管理在发展阶段更加注重对部门和人员实行双重绩效考核，确保考核指标更加科学、合理，考核方法更加全面、多样化。这些举措旨在全面提升组织整体绩效，确保公共服务的优质与高效。然而，在公共部门实施绩效管理也面临诸多挑战。例如公共部门目标的多元性给绩效指标的确定带来了一定的困难；许多公共服务因其特殊性而难以量化，结果难以精确测定；此外，不同部门之间的绩效差异也使得直接比较变得困难。为了克服这些挑战，需要在理论与实践的结合上不断探索，寻求更合理的解决方案。

四、企业流程再造

依据这一理论的创始人哈默和钱皮的定义，企业流程再造乃是对组织的作业流程进行根本的再思考和彻底的再设计，以求在成本、质量、服务和速度等各项当今至关重要的绩效标准上取得显著的提高。企业流程再造（Business Process Re-engineering）是一个根本性设想，就是以首尾衔接的、完整的整合性过程来取代以往的被各部门割裂的、不易看见也难于管理的支离破碎的过程。20 世纪 90 年代，企业流程再造的理论得以流行并付诸实践，成为又一轮新的管理变革浪潮。人们致力于从 CNN、ABB（Asea Brown Boveri）、通用电气公司、日本丰田公司、戴尔公司等公司成功的案例中寻找组织的最佳模式。企业流程再造不同于渐进式变革，它带来的并非微不足道的改善或进步，而是要实现组织管理的革命性进步和企业绩效大幅度的突破，它需要全面审视和彻底分解原有的工作方式，并根据新的目标要求对之进行重新设计、组装，建构新的业务流程。

企业再造的理念在公共管理领域的延伸，催生了"政府再造"或"重塑政府"的变革浪潮，这已成为公共管理理论与实践界共同瞩目的焦点。与过去对量的变化的强调不同，政府再造更侧重于质的转变。它不仅涉及政府管理理念的根本更新与政府职能的深刻转换，还涵盖了政府与社会、市场、公民及企业之间关系的全面调整。更重要的是，它引发了政府治理在观念、结构、方式和方法上的重大变革。这场政府再造革命对于解决政府管理长期以来存在的问题，提升政府运行的效率和效能，以及增强政府的公信力和合法性，都具有举足轻重的意义。

五、全面质量管理

全面质量管理（Total Quality Management，简称 TQM）的概念是由菲根堡姆在 20 世纪 60 年代初首先提出的。它是在传统的质量管理基础上，以现代科学技术的发展和管理经验的积累为支撑而形成的现代质量管理理论。全面质量管理是运用系统论的观点和方法，把企业各部门、各环节的质量管理活动都纳入统一的质量管理系统中，形成一个完整的质量管理体系。全面质量管理强调为了更好地取得真正的经济效益，管理必须始于识别顾客的质量要求，终于顾客对其获得的产品感到满意。全面质量管理就是为实现这一目标而指导并协调员工、信息、设备及与其他所有生产经营必需资源之间的关系和配置的活动。全面质量管理是一种管理哲学，也是一套要求不断提高组织的指导原则。全面质量管理结合多项基础性管理技术，对组织的运作过程进行提高，因而成为一种新的管理典范。

有效推行 TQM 必须具备如下的品质理念：①全员参与：品质不仅是品管部门或专家的责任，而是需要组织内每一位成员的共同努力和关注。②品质文化的塑造：通过卓越的管理、精心设计、高效生产、严格检查以及持续的品质意识宣传，在组织内部营造出一种深入人心的品质文化。③顾客至上：TQM 强调以顾客为中心，组织内的每一位成员都应积极投入到为内外部顾客提供优质服务的行动中。④持续改善的精神：TQM 的核心是不断地改进和提升，要创建一个激励员工不断探索、持续进步的工作环境。⑤团队协作与协调：强调团队精神，注重部门间的协调合作。品质改进首先要求人的意识和职业道德的提升。⑥全面教育训练：为了改变品质观念，形成稳固的品质文化，要进行持续、全面地教育和训练，确保每一位员工都具备必要的品质知识和技能。⑦价值链与供应链的优化：在客户和供应商之间建立有效的信息沟通机制和反馈系统，以优化价值链和供应链，更好地满足客户需求，增强企业的市场竞争力。

全面质量管理已在很多国家的公共部门推行。美国联邦政府自 1988 年起引入企业界的全面质量管理理念，并予以改造，使之适合公共部门。他们总结全面质量管理在公共部门得以顺利推行的如下条件，即要求高层领导的支持，要有策略性的计划，时刻以顾客的需求为导向，进行绩效考评与分析，加强对员工的训练与正负向强化，促进各部门的积极合作，提供符合公众期望与需求的服务。政府部门实行全面质量管理后显著提高了政府的服务品质，使政府及其官员更多地注重公众的需求，更好地与公众沟通，从而促进了与公众之间的互信关系。实施TQM 是现代公共管理发展的方向。

六、虚拟企业理论

虚拟企业理论的创始人戈德曼、内格尔和普瑞斯等，将企业适应灵活竞争的需要视为虚拟企业产生的原因。从战略的高度审视，运用虚拟企业概念的原因可以归结为如下六个方面：共享基础设施与研发成果，共担风险与成本；整合互补性核心能力；通过共享缩短从观念到现金收益的时间；增加便利性和外在规模；获得市场渠道，共享市场或顾客忠诚度；从出售产品过渡到出售方案。

在灵捷竞争中，组织及环境的变化迅速，以机会为基础。对灵捷竞争者而言，虚拟企业是一种动态的组织工具。机会既不是暂时的更不是长期的，而是稍纵即逝。因此，基于在变化和不确定的环境中寻求发展的战略思维，虚拟企业是一种实用的组织工具。

简而言之，虚拟企业是指利用信息网络（如 Internet）进行联结、实现无形化组织结构的企业形态。其典型代表包括网上商店、网上银行和网上旅游公司等，这些企业能够提供虚拟产品和服务。例如自动柜员机作为虚拟产品的代表，能迅速响应客户需求，提供信息查询、存取款及转账等服务。虚拟企业的出现具有重要意义，它能在有限资源下，通过信息网络和快速运输系统链接相关企业，实现资源集成和网络化结构，从而极大地提升市场运行的协调性、效率和质量。与传统企业相比，虚拟企业的组织结构更为灵活，可根据市场需求即时调整，实现资源互补。其运作方式依仗信息技术，特别是网络技术，使现代企业管理从内部资源整合拓展至内外资源整合，不仅降低成本提高效率，还能迅速适应外部环境变化。

"将虚拟企业理论引入公共管理，有助于加快和深化信息化管理理念和方式的应用。纵观全球，各国公共管理包括政府管理正在朝着信息化、电子化的方向发展。电子政府实际上就是虚拟政府，它使公共部门之间、政府机关与企业、社会组织和公民之间的联系更为便捷和密切。在虚拟政府的条件下，公众能在方便的时间、地点并以便捷的方式获得政府信息，接受公共部门的服务并及时对政府的工作提出批评和建议。这对于推进建设更有回应性、更有效率、更负责任和更具服务品质的政府正在并将继续产生重要和深远的影响。"①

第三节　新公共管理理论及启示

一、新公共管理的理论基础

（一）治理理论

"治理"（Governance）一词源远流长，源自拉丁文和古希腊语，传统上意味着控制、引导和操纵，常与"统治"（Government）一词混用，主要应用在国家公共事务的管理和政治活动中。然而，自20世纪90年代起，西方政治学和经济学家为"治理"注入了全新的内涵，使其含义远远超越了其传统的经典范畴，与Government的概念产生了显著的区分。

1989年，世界银行的一份报告揭示了非洲国家公共管理面临的深刻危机，这一危机成为经济和社会发展的主要绊脚石。为此，世界银行呼吁非洲国家改革现有的政治管理框架和规则，致力于构建"良好治理"的体系。自此，治理概念逐渐在公共行政领域得到广泛传播，成为推动公共行政改革的重要理论基础。

西方学者对治理概念做出了许多界定。治理理论的主要创始人之一詹姆斯·N. 罗西瑙在其代表作《没有政府的治理》和《21世纪的治理》等文章中将治理

---

① 黄健荣. 公共管理导论［M］. 南京：南京大学出版社，2013：90.

定义为一系列活动领域里的管理机制。它们虽未得到正式授权，却能有效发挥作用。"与统治不同，治理指的是一种由共同的目标支持的活动。这些管理活动的主体未必是政府，也无须依靠国家的强制力量来实现。"①

库依曼和范·弗利埃特指出："治理的概念是，它所要创造的结构或秩序不能由外部加强；它之发挥作用，是要依靠多种进行统治的及相互发生影响的行为者的互动。"②

在关于治理的各种定义中，全球治理委员会的定义具有很大的代表性和权威性。该委员会于1995年发表了一份题为《我们的全球伙伴关系》的研究报告，并在该报告中对治理做出了如下界定：治理是各种公共的或私人的个人和机构管理其共同事务的诸多方式的总和。它是使相互冲突的或不同的利益得以调和并且采取联合行动的持续的过程。它既包括有权迫使人们服从的正式制度和规则，也包括各种人们同意或认为符合其利益的非正式的制度安排。它有四个特征：治理不是一整套规则，也不是一种活动，而是一个过程；治理过程的基础不是控制，而是协调；治理既涉及公共部门，也包括私人部门；治理不是一种正式的制度，而是持续的互动。

到目前为止，各国学者对作为一种理论的治理已经提出了五种主要的观点。

第一，治理指的是一个涵盖政府但远不止于政府的社会公共机构和行为者网络。它挑战了传统国家和政府权威的中心地位，强调政府并非唯一的权力核心。在这个网络中，无论是公共还是私人机构，只要其行使的权力得到公众的广泛认可，它们都有可能成为各个层面上重要的权力中心。

第二，"治理意味着在为社会和经济问题寻求解决方案的过程中，存在着界限和责任方面的模糊性。它表明在现代社会，国家正在把原先由它独自承担的责任转移给公民社会，即各种私人部门和公民自愿性团体，后者正在承担越来越多的原先由国家承担的责任。"③

① ［美］詹姆斯·N. 罗西瑙. 没有政府的治理［M］. 张胜军等译. 南昌：江西人民出版社，2001：5-6.

② 格里·斯托克，华夏风. 作为理论的治理：五个论点［J］. 国际社会科学杂志（中文版），2019（3）：23-24.

③ 徐增辉. 新公共管理视域下的中国行政改革研究［M］. 广州：中山大学出版社，2009：51.

第三，治理理念明确指出了在集体行动的过程中，各社会公共机构之间存在着相互的权力依赖关系。

第四，治理倡导参与者之间形成一个自主的网络。在这个网络中，各参与者在特定的领域内拥有一定的权威和影响力，并与政府在相关领域展开合作，共同分担行政管理责任。

第五，治理理念强调，办好公共事务并不仅仅依赖于政府的权力和发号施令。在公共事务管理中，还存在着多种其他的管理方法和技术。政府有责任积极采用这些新的方法和技术，以更加灵活、高效的方式对公共事务进行控制和引导。

（二）新制度经济学

1. 企业理论

科斯认为："建立企业有利可图的主要原因似乎是，利用价格机制是有成本的。其思考逻辑是，既然人们通常认为统筹协调能通过价格机制来实现，那么为什么这样的组织是必须的呢？为什么会存在'自觉力量的小岛'呢？在企业之外，价格变动决定生产，这是通过一些市场交易来协调的。在企业之内，市场被取消，伴随着交易的复杂的市场结构被企业家所代替，企业家指挥生产。显然，存在着协调生产的替代方法。因此，'市场的运行是有成本的，通过一个组织，并允许某个权威（企业家）来支配资源，就能节约某些市场运行成本'，所以'交易费用的存在导致了企业的出现'。"①

科斯的理论认为，企业实质上是对价格机制的一种替代。企业之所以存在并有利可图，是因为使用价格机制存在成本。市场上的每一笔交易，无论是谈判还是协议的签订，都需要付出成本。同样，企业内部也存在组织和管理成本。然而，当企业内部的组织和管理成本低于通过市场组织生产所需的交易成本时，企业便作为一种成本节约的组织形式而存在。在新制度经济学的框架下，企业理论聚焦于契约关系的研究，将企业视为一系列契约的集合。科斯进一步指出，企业

---

① ［英］科斯. 论生产的制度结构［M］. 盛洪，陈郁译校. 上海：上海三联书店，1994：356.

实际上是价格机制的一种替代，即一系列市场的短期契约被一个长期的契约所替代。在存在交易成本的情况下，生产是通过市场分工进行还是企业内部进行，取决于这两种合约安排下的交易成本大小。在科斯的视角下，他假设在两种合约情况下的生产成本是等同的，因此企业的主要目标便是如何有效地节约交易成本。因此，交易成本成为新制度经济学企业理论形成和深化的核心基础。

科斯正是以这种原创性的交易成本概念去分析市场机制和企业组织的运作，从而也就开拓了新制度经济学的新视界。随后，许多学者更为深入地研究了企业的特性和交易成本的性质。阿尔奇安和德姆塞茨指出了"对劳动产出的度量成本与劳动投入的监督成本，认为企业组织的作用是通过企业组织可以避免偷懒行为，并且促进团队生产"。[①] 还有学者认为买卖双方为了达成交易，必须付出衡量成本。卖者为了降低买者所需付出的衡量成本以提高买者的购买意愿，会选择各种方式如将商品仔细分类整理，以方便买者选购、提供商品保证书与售后服务给买者以增加买者的信心等。

新制度经济学的企业理论是近几十年来企业理论的最大突破，它为人们了解企业与市场的关系、认识企业组织制度和市场体制提供了一个崭新的研究框架和思路，同时也为人们利用企业精神来改革公共部门提供了一个不错的视角。

2. 产权理论

产权理论是以交易费用为基本分析工具的另一派理论，科斯也是这一理论的开创者。他于 1960 年发表的《社会成本问题》一文中，提出了一个后来被总结归纳为"科斯定理"的思想：如果市场机制的运行是无成本的，既不存在交易费用，那么无论初始产权如何界定市场机制都会自动使资源配置达到最优；反之，如果市场机制的运行是有成本的，即交易费用大于零，则不同的产权界定将会导致不同的资源配置效率。

在讨论产权理论时，外部性问题是不可忽视的一环。产权作为对稀缺资源使用的权利，其存在是社会强制实施的结果，旨在界定个体在资源使用中的损益边界。当某个人的行为所引发的个人成本与社会成本、个人收益与社会收益不一致

---

① 易宪容. 新制度经济学与中国经济研究 [J]. 社会科学战线，1999 (6)：25.

时，称为外部性，它包含正面和负面两种形态。而科斯针对负外部性问题，对庇古派主张的向损害者征税的理论提出了质疑。他认为，外部性并不必然导致市场失灵，关键在于产权的明确界定。只要产权得到清晰的界定，即明确界定外部效应的产生者是否有权损害他人或造成负外部性，相关当事人便可以通过协商和交易，达到资源的最佳配置状态。因此，科斯强调，在存在交易费用的情况下，法律（合法权利的界定）在决定资源如何利用上扮演着举足轻重的角色。通过明确产权，双方当事人能够进行有效的协商和交易，最终实现资源的有效配置。

在产权理论的研究中，众多学者通过实证分析和思想实验，力证明晰界定的私有产权能够显著地激励人们将外部性内部化，因此被视为一种高效的产权结构。面对现代西方社会经济发展中出现的环境污染、交通拥堵和公共物品短缺等问题，产权理论并不将这些视为市场制度的必然产物，而是归因于产权所有权的模糊界定。当产权边界不清晰，或"活动空间"重叠时，这导致了部分个体可以逃避为自身行为承担全部成本的责任。为了应对这些问题，产权理论提出了一个解决方案：通过技术和制度的进步来强化产权的界定，进一步将目前归个人所有的权利私有化。

3. 制度的创新与变迁理论

制度的出现使社会经济能够得到顺利发展，有效能的制度，总会隐含着对违规的惩罚。制度在具有有限理性和机会主义特征的经济人所构成的社会行为中去试图保护个人的自由领域，帮助人们避免和缓和冲突。对人际交往的规范促进了经济的增长。诺斯认为，即使在技术没有发生变化的情况下，通过制度创新或制度变迁也能够提高生产率，实现经济增长。

"诺斯的制度变迁理论是在研究正外部性问题的基础上建立起来的。正外部效应又被称为潜在利润或预期收益。诺斯认为制度变迁的诱致因素是主体期望获取最大的潜在利润，即经济主体对新制度产生了需求。为什么经济主体们会对现行制度产生不满而希望制度变迁？传统理论认为，这是由于技术条件发生了变化，也就是说，由于技术能力的提高，生产率发生了变化，从而改变了经济主体的偏好，引起他们对一种新制度的需求。这种解释确实有一定的道理，但显得有点底气不足。根据新制度经济学的观点，经济主体对新制度的需求是经济制度变迁的最直接的动因，而更深层次的原因是人们对既定制度安排下的成本和收益之比的看法有了改变。"① 也就是说，目前社会资源的配置还未达到人们所希望的帕累托最优状态。但是，由于规模经济的要求、将外部性内在化的困难，以及厌恶风险、生产失败、政治压力等多重因素的制约，导致潜在利润无法在既有的制度安排下得以实现。为了捕获这些外部利润并满足人们的需求，制度创新成为必要的途径。从本质上看，制度创新或制度变迁的过程，实际上是一个由外部利润诱导的过程，通常被称为诱致型制度变迁。然而，外部利润的存在并不一定直接导致制度变迁的发生。这是因为制度变迁往往涉及成本问题，包括变革的成本、执行新制度的成本及可能的调整成本等。只有当通过制度创新可能获得的潜在利润超过为获取这些利润而需要支付的成本时，制度创新才会真正发生。

在探讨制度变迁模式的过程中，除了诱致型制度变迁，还有一种叫强制型制度变迁，即由政府法令引致的制度变迁。强制性制度变迁由国家的强制力和"暴力潜能"能以最短的时间和最快的速度实行制度变迁。但是强制性制度变迁要想成为一种有效率的进步制度，必须取决于一系列非经济因素，包括统治者的偏好和有限理性、意识形态约束、官僚机构和利益集团冲突，以及社会科学知识的局限等。当然诱致型制度变迁也会面临着导致外部效果和"搭便车"的问题，如果能克服这些问题，那么追求效益原则建立在一致性同意基础上的诱致型制度将会更有效率。

（三）多中心治理理论

1. 理论与实践来源

博兰尼在《自发的逻辑》一书中认为，在多中心的秩序中，"许多因素的行为相互独立，个人决策者可以自由地追求其自己的利益，但其利益受实施这些决策规则所固有的约束"。② 奥斯特罗姆将多中心视为社会上多个权力主体、活动中心、服务中心共同存在的一种制度安排。

---

① 王义. 西方新公共管理概论 [M]. 北京：中国海洋大学出版社，2006：52.
② [美] 迈克尔·麦金尼斯. 多中心体制与地方公共经济 [M]. 毛寿龙，李梅译. 上海：三联书店出版社，2000：76.

多中心治理理论的实践来源是奥斯特罗姆对美国、瑞士、日本、土耳其等国家处理公共经济资源实践的考察和研究。她总结出：公共资源的占用者自主设计使用规则，并形成了监督机制，最终在不损害公共利益的同时实现个人收益最大化。

2. 主要内容与特点

多中心自主治理理论的核心关切是如何组织部分公民，实现对公共资源的自主管理，以确保持续且稳定的收益。奥斯特罗姆强调，社群组织通过自发形成的秩序所构建的多中心自主治理结构，具备权力分散和管辖重叠的特点，能有效遏制集体行动中的机会主义倾向，推动公共利益的持续增长。多中心治理的理念鼓励多个权力中心和服务中心共存，并通过这些中心间的相互合作、竞争和监督，最终为公民提供更优质的服务。"奥斯特罗姆阐述了多中心治理理论的八大原则：清晰地界定公共池塘资源的边界；占用和供应规则要和当地的条件保持一致；合理的集体选择的安排；监督；分级制裁；冲突解决机制；政府对组织权保持最低限度的认可；分权制企业。"① 这些既是实现多中心治理的前提条件，又为多中心治理提供了理想的实现路径。与传统的治理理论相比，多中心治理主要有三大特点：一是选择的多样性，多中心治理结构为公民提供多种机会；二是多中心治理可以克服搭便车行为；三是形成合理的决策机制。

3. 多中心治理理论对中国的适用性分析

（1）社会维度：第三部门发展面临多重困境。作为现代社会多中心治理的重要主体第三部门在公民社会化、促进国家与社会二元结构的形成等方面有着重要的作用。然而，中国大部分第三部门专业化、职业化管理水平不高，内部管理缺乏公开性、透明性，缺乏人才和活动资金，项目管理制度、人力资源管理制度、组织治理结构等有待完善，甚至还有部分第三部门以盈利为目的，从事违法或违反章程规定的活动。总体而言，中国第三部门承接政府职能转移、推动社会自治的能力较弱，难以真正发挥与政府协同治理的作用。

---

① ［美］埃莉诺，奥斯特罗姆. 公共事务的治理之道集体行动制度的演进［M］. 余逊达，陈旭东译. 上海：三联书店出版社，2000：144.

（2）公民维度：公民公共精神薄弱。公共精神，这一深深植根于公民社会中的道德和政治价值，其核心体现在政治平等、积极参与、责任感、信任与宽容，以及团结与协作等方面。多中心治理的有效实施，有赖于公民具备强烈的公共精神，从而推动多个社会治理单元的构建，进而形成促进公共利益最大化的制度框架。

（3）政府维度：政府未理顺与社会的关系。"多中心治理理论要求打破传统以政府为单一中心的社会主体结构，重新构建多中心的社会治理模式，发展社会自治，实现合作治理。尽管近年来中国政府力图调整政府与社会的关系，将政府管得多、管不好的事务交由社会自主管理，但政府与社会的关系仍有待进一步理顺。例如政府向社会分权主要通过向官办的第三部门转移部分社会管理职能实现，但这些组织很多都是原先由政府职能部门或事业单位改制而成立的，在组织人事、管理体制、运行资金等方面受政府影响较大，其结果是一些第三部门逐渐异变成政府权力扩张的触角，反而加强了政府集权的趋势。"①

二、新公共管理对我国公共管理模式的启示

（一）我国公共管理模式概述

中国作为当前世界上最大的发展中国家，具备一切发展中国家的特征。公共管理作为一种新的政府管理理论，中国公共管理学者还没有一致的立场和观点，更没有形成一种被普遍接受的概念。虽然我国学者对公共管理的理解不一致，但是他们都认为公共管理应该具备以下特征：第一，公共管理的研究对象和范围呈现多元性，其主体涵盖政府部门与非政府组织（非营利组织）两大类。第二，公共管理实现了从内部到外部的转型，即从强调机构、过程和程序，转向注重项目、结果和绩效，从而使得战略管理、绩效评估、公共责任制等成为公共管理学的核心议题。第三，公共管理学是与实践紧密结合的学科，它在公共部门（包括政府）的改革实践中诞生，并反过来指导公共部门的管理活动。在这一过程中，

---

① 李超，张志勇. 多中心治理理论对中国公共管理改革的启示［J］. 辽宁工程技术大学学报（社会科学版），2014（4）：373.

公共管理学不断得到完善和发展，相比传统行政学，它更具现实指导意义。第四，公共管理强调公平与效率的平衡，以及公共利益与私人利益的和谐统一。这一特点使得公共管理在追求效能的同时，也不忘关注社会公正和个体权益。第五，公共管理学是一门多学科的综合体，它广泛吸收了政治学、社会学、经济学以及工商管理等领域的理论和方法，尤其是西方经济学和工商管理的方法，这使得公共管理学的知识框架更加全面、合理。

中国政府管理虽然在一定程度上吸收了当代公共管理理论成果，但是总的来说仍然是以传统的公共行政模式为主导。虽然东西方国家在政治、经济、文化和历史等方面均有很大的差异，西方发达国家政府管理改革与我国行政体制改革所处的社会发展背景不同，我们不能简单地照搬西方国家的经验，但这并不排斥我们在改革中吸收和借鉴西方国家公共行政管理改革实践中取得的经验和教训，使普遍的新公共管理思想与中国国情结合。这对我国公共行政管理改革的实践是有积极意义的。

（二）新公共管理理论对我国公共管理模式的启示

在当前这样一个特殊的社会时期，急需一种全新的理论来拓宽我们的视角，作为我国公共管理改革的理论指南。新公共管理既是西方特定的社会、政治、经济条件的产物，又在一定程度上凸显出公共行政发展的规律和趋势，因而新公共管理不失为一个全新的改革理论视角，对我国行政管理理论和实践具有借鉴和启示作用。

1. 引入竞争机制

新公共管理策略通过重新调整政府、社会与市场之间的关系，成功地将竞争机制融入政府的公共服务领域，实现了公共服务的市场化。这包括实施"政府业务合同出租"和"竞争性招标"等机制，旨在鼓励私人资本的投入和经营，从而打破了政府的垄断局面，显著提升了公共服务的效率和质量，同时也有效缓解了政府的财政压力。在我国，尤其是在基础设施行业，长期以来由于资金短缺而形成了"基础瓶颈"，这极大地限制了国民经济的整体发展和市场机制的顺畅运作。为了突破这一困境，可以借鉴西方国家的成功经验，在强化"产业管制"的同时，适度放宽市场准入，允许和鼓励非国有产权在特定范围内与国有产权合作，或独立投资和经营。这样的做法有助于在公共服务领域形成竞争机制和压力结构，进而提高经济效益和社会效益。以中国的航空运输市场为例，虽然航空产业仍由国有主导，但在航空运输服务上引入竞争机制，允许外国航空公司进入中国市场，已经显著提升了服务质量，并推动了整个航空运输业整体素质的提高。

2. 注重既定的法律规章制度

新公共管理注重遵守既定的法律和规章制度，向注重实际工作绩效、注重提供优质服务的方向发展。这应被视为西方公共行政管理和人事管理更为成熟的一种标志。当然，在我国现阶段公共行政管理和人事管理面临的主要问题和当务之急是建立和健全一套行政法规和人事法规，并保证这些法律法规的贯彻落实，实现行政管理和人事管理的法制化。但也必须看到，制度毕竟是手段，它是为政府完成公共管理的目标和任务服务的。因此在制定法律法规和管理制度时，应该同时考虑如何将法律法规及管理制度落到实处，始终以人民的根本利益为取向，始终贴近社会现实，贴近公众需求。

3. 合理借鉴科学的企业管理方法

在当前阶段，我国公共管理模式应当在持续优化和完善官僚制行政方式的同时，合理吸收和借鉴私营企业的先进管理方法。鉴于我国国情和公共行政管理的实际发展水平，官僚制行政方式在我国行政发展中仍具有其适用性，因此在政府改革中，须致力于构建更符合我国国情的官僚制行政模式。然而，这并不妨碍我们同时从私营企业的管理经验中汲取灵感。新公共管理理念的成功实践已经证明，将科学的企业管理方法，如目标管理、绩效评估、成本核算和结果控制等引入公共行政领域，对提高政府工作效率具有显著的促进作用。私营企业管理特别注重效率、产出、管理的科学性和市场及顾客的需求反馈，这些宝贵的经验值得我国公共行政管理深入学习和借鉴。

4. 强化政府管理职责

"转变政府职能，推动政府改革，增强政府服务中的顾客意识。目前经过几次政府机构改革，我国的政府职能转变取得了一定的成效，但是，适应社会主义市场经济所需的，灵活、高效的政府管理模式还没有完全建立起来。一方面，政府管了许多管不了也管不好的事情；另一方面，本该由政府管理的工作却做得不够好。所以，我国转变政府职能的关键环节是，还权于企业、社会和公民，实行政企分开，政事分开，政府不以公共权力主体的身份介入私人关系领域。在我国政府实践中，应推行政务公开、政务超市、社会承诺制、电子政务等产品和服务，最大限度地追求零顾客成本。为了使这些以顾客为导向的改革措施落到实处，我国政府应积极建立一些适当的公共服务绩效评估标准和申诉处理标准，以便公众监督和更好地为公众服务。"①

5. 注重公共管理体制与政治体制的关联

新公共管理理论强调政治对行政和公务员的深远影响，这一观点为我们揭示了行政管理体制改革与政治体制改革其他方面必须相互协调、共同推进的重要性。公共行政管理体制的效能与政治体制的基本框架紧密相连，如果政治体制不能有效地构建起健全的政治责任制度，无法确保政府维持必要的政治权威，那么公共行政将面临政治失控的风险。在一个缺乏政治权威和明确政治责任的体制中，政府制定和执行政策的质量将无法得到制度的可靠保障。

---

① 任伯琪，胡承波. 论新公共管理对我国公共管理模式的启示 [J]. 商业经济研究，2010 (13)：92-93.

第三章 公共管理过程与方法技术解读

第一节 公共决策及科学化发展

一、公共决策概述

(一) 公共决策的含义

决策的概念由来已久，是人类社会特有的普遍现象，几乎涉及人类社会的各个活动领域。决策的概念古已有之，然而，现代管理学意义上的决策则是 20 世纪中叶在美国产生的。决策（Decision Making），顾名思义就是做决定、拿主意、想办法。对个人而言，从日常生活的小事到选择职业、选择伴侣等人生大事都需要作出决策；对组织而言，从组织发起的规模大小、发展战略到日后的发展过程中遇到的重大方向性问题也都需要及时地做出决策。

公共决策与私人决策之间的核心差异首先体现在决策主体的不同，随后才是决策内容的差异。公共决策主要聚焦于解决国家和社会层面的公共事务，涵盖了政治、经济、文化和社会等多个方面；而私人决策则更多围绕个人成长、发展等个人利益相关的问题。

因此，可以将公共决策定义为：公共组织在履行国家政务和社会公共管理职责时，基于公共利益和公平、公正的原则，依据法律或相关规定，进行的一系列决策行为及其所产生的行动计划。从动态角度看，公共决策是一个包含问题分析和解决等多个环节的过程；而从静态角度看，公共决策则指公共部门最终做出的结论性"决定"，即我们通常所说的"Public Decision"。

(二) 公共决策的特点

公共决策作为公共组织一项重要的职能，尽管在不同的国家不同的组织会有所差异，但仔细比较和分析，可以发现，凡是公共决策都有一些共同的特点。

1. 公共决策的特定主体性

公共决策与其他决策的一个最明显的区别就是决策主体的不同，公共决策的主体是有明确规定的，主要是指那些由国家宪法和法律规定的取得合法地位的国家机关、政党及其他政治团体等行使国家行政权的组织和成员，其他任何无权行使国家行政权的单位和个人所做出的决策，均不能称为公共决策。公共决策作为统治阶级意志的集中体现，具有天然的权威性。

2. 公共决策的目标导向性

公共决策旨在实现特定阶段内的社会政治、经济、文化等目标，它是政府为巩固政治统治、推动社会协调发展而行使的控制、指挥、管理和监督等职能的具体体现。没有目标的决策是空洞而无意义的。公共决策的核心目标是追求和实现公共利益，因为公共部门作为非营利性组织，其核心使命是服务于公众利益。在公共决策的制定过程中，决策者会特别关注社会利益和社会价值的公平性与公正性，并努力在多元化的社会价值与利益之间寻求均衡，以确保社会的和谐稳定。

3. 公共决策的执行强制性

公共决策是以国家权力为后盾的，具有一定的权威性。既定的公共决策不仅对公共组织的内部成员具有约束性，对于公共组织所管辖范围内的一切单位和个人都具有约束性，须强制执行，在这一点上没有任何讨价还价的余地。任何个人和组织都必须无条件地贯彻执行，如不执行，将受到应有的惩罚。公共决策的这种执行强制性是公共部门单向行政行为的合法强制力量，这是组织和个人无条件接受的理论前提。

4. 公共决策的功能多样性

公共决策功能的多样性源于其实施后所产生的社会效果的多面性。这些社会效果可能是决策者预期的，也可能是非预期的，它们可能是直接的、短期的，也可能是潜在的、长远的。根据系统论的原理，社会是一个庞大的复杂系统，而公共部门作为其中的一个子系统，与其他子系统在物质、能量和信息等方面进行交互。由于社会系统中存在多个不同的子系统，公共决策对每一个子系统都会产生一定的影响，从而发挥出多样的功能。

（三）公共决策的类型

公共决策主体是多样的、复杂的，公共决策的客体是广泛的、多层次的，公共决策的内容又是丰富的。对公共决策进行分类，从不同的角度可以得出不同的结果。

1. 高层决策、中层决策和低层决策

从公共决策主体的法定地位的不同来划分，公共决策可以分为高层决策、中层决策和低层决策三种。

（1）高层决策。从国家宏观管理角度来讲，高层决策通常是指中央一级的国家机关处理全国性的、对于整个国家和社会有重要战略意义的或只能由中央统一处理的公共管理事务，制定适合于全国的统一的有关方针、法规和规章。某些涉及国计民生或跨省市经济发展的资源开发、企业投资、科技项目等，都应该属于高层决策。比如最近国家正在实行的"南水北调""西气东输"工程，横跨若干省市，只有中央依法做出的决策才能从宏观上指导并保证工程的顺利进行。

（2）中层决策。中层决策主要由省、市、县等地方公共部门负责，这些决策专注于处理各自管辖范围内的地方性公共事务。主要任务是将国家层面的全局性、综合性目标细化并转化为具体的地方性目标。这些决策一旦制定，其管辖范围内的公民和组织都必须严格遵守并贯彻执行。

（3）低层决策。低层决策也叫基层决策，指的是由乡、镇等基层公共组织所作出的处理其管辖范围内的公共事务的决策。低层决策由于涉及的范围比较小，实际操作性往往比较强，针对性也很明确。

公共决策分为高、中、低三个决策的标准有时也是相对的，对同一个部门体系内部而言，同样可以将决策做出这样的分类。例如对一个部级单位而言，部级的决策为高层决策，厅或局级的决策属于中层决策，而厅局级以下，甚至科室的决策则就属于低层决策。

2. 理性决策与经验决策

理性决策与经验决策是从公共决策主体的思维方式的角度所进行的划分。

（1）理性决策。所谓理性决策是指按照决策方法学所提的要求而形成的决策，即决策主体凭借科学思维，运用决策程序、决策体制、决策方法手段等来进行分析、做出决策。决策主体在做出决策前往往对决策对象进行充分的调查研究，掌握大量的信息。理性决策总是试图将决策过程分为若干个步骤，根据事先了解到的信息，借助智囊团的力量，运用现代科学技术，从而确定满意的方案。然而理性的衡量标准从来都只是相对的。由于公共管理所面临的社会环境变量因素众多、成因复杂、范围广泛，因而，即便是"理性决策"也不能保证最终所形成的决策方案就一定是科学、准确的。理性决策在实践中失误的可能性依然广泛存在。

（2）经验决策。从字面意义上理解，是指决策主体在长期的工作和生活实践中，凭借累积的丰富经验和固有的惯性思维方式做出的决策。这种决策方式与决策过程中可能产生的"经验主义"倾向是截然不同的。判断一个决策是否受到"经验主义"影响，通常基于决策主体在决策过程中是否追求民主、尊重科学，以及决策方案实施后的效果。尽管有人可能将经验决策与主观主义或"经验主义"的错误联系起来，但经验判断在决策中的价值是不容忽视的。现代管理科学的研究显示，在许多重大决策问题上，决策主体的经验和直觉判断力往往发挥着关键作用。经验决策并非简单的"一拍即合"，而是基于深厚科学积累所做出的判断。决策主体的智商、能力、阅历和思维判断方式在这一过程中起着决定性作用。与理性决策相比，经验性决策在过程上显得更为直接和简单，因为它更多依赖于决策主体的主观经验和直觉。在面临挑战性问题时，经验决策特别能检验决策主体的判断力。直觉型因素在选择时机、方案及舍弃表面"最优"方案等方面发挥着重要作用。虽然经验决策具有难以捉摸的特性，但通过对决策主体的知识背景、生活背景、过往决策案例及决策对象环境变化的综合分析，我们可以发现其内在的规律性，并将这些规律上升为方法，成为理性决策的重要理论支撑。

3. 程序性决策、非程序性决策和部分程序性决策

从公共决策对象的结构性程度划分，决策的类型可以分为程序性决策、非程序性决策和部分程序性决策。

（1）程序性决策。程序性决策又称为"例行决策""常规决策"或"重复性决策"，是指解决那些经常出现的有法可依、有章可循、有先例可参考的结构性强，重复性的日常事务而进行的决策。现代计算机信息技术的运用使得决策的程序化更为便利，反复出现的同类问题完全可以从计算机数据库中很快找到可供选择的方案。由于程序性决策往往要依据规则或先例来做出决策，因此处理的一般都不是涉及面较广的重大问题。

（2）非程序性决策。非程序性决策，又称为非常规决策，指的是那些突发性的、无前例可循、需要依靠创造性思维来解决的决策问题。在面对这类决策时，决策者需要具备全面的法律知识、高水平的政策素养，并能对决策对象进行详尽的了解和深入的分析，以确保对决策结果的准确性有一定程度的把握。尽管这类决策没有现成的法律法规、政策和制度作为明确的指导，但整个决策过程仍须遵循法律的精神，坚守相关的原则和制度。

（3）部分程序性决策。部分程序性决策指的是在决策过程中，一部分决策行为依据既定的规范和原则进行，而另一部分则因缺乏明确的指导而采用非程序化的方法进行。实际上，纯粹的程序性或非程序性决策在现实中并不多见，多数决策都是两者的结合。对于组织生存发展至关重要的战略性决策，由于内外环境的复杂性，往往由高层领导来负责。而程序性决策，由于其标准化和可重复性，主要由下层领导者负责执行。那些介于程序性决策与非程序性决策之间的部分程序性决策，则更多地由中层管理者来承担。

决策的其他种类划分非常丰富。从公共决策对象所处的状态划分，可以分为确定性决策、风险性决策、不确定性决策和竞争性决策。确定型决策即存在一个确定的目标，面对一种确定的自然状态，各个行动方案都有一个确定结果的决策。确定型决策一般都是对决策所要解决问题的有利条件和不利条件都很清楚，决策目标也很明确。风险型决策是存在一个明确的目标，面临多种自然状态，不同的方案在不同状态下的结果不同，实现目标往往要冒一定的风险。不确定型决策，其决策对象所处的状态与风险型决策基本相同，不同的只是未来出现哪种自然状态不可能预测概率，决策结果不确定，带来的决策难度和风险都非常大。而竞争型决策是一种在利益相互冲突的竞争对手之间所进行的角逐性决策。这种决策难度大，风险也大，因为其不确定因素除了自然因素外，还有更为复杂的人的因素。

(四) 公共决策的体制

公共决策总是在一定的体制之下产生的，它由哪些机构和人员来负责制定和实施，各个阶段和各项职能由哪些机构承担、哪些人员参与，相关的机构和人员需要具备哪些资格和条件，如何合理分工才能实现公共决策的职能等，这些问题就是公共决策体制所要解决的问题。公共决策活动是一个完整的、科学的整体，而非个别领导者单独做出决定这么简单。一个完整的公共决策体制应该包括中枢系统、信息系统、咨询系统、公民参与系统和监控系统等若干个子系统。

1. 中枢系统

公共决策中枢系统，作为现代决策体制的核心，也被称为决策中心或政府首脑机关，实际上掌握着决策权力。因此，它在整个决策体制中占据核心地位，发挥着关键性的领导作用，可谓整个决策体制的心脏和枢纽，拥有最高决策权并承担全面责任。

中枢系统的主要职责包括以下四方面：首先，在充分调研和广泛收集信息的基础上，确立政策问题和目标体系，并协调公共决策体制的其他子系统开展工作；其次，围绕既定问题和目标，构建一个科学的公共决策目标体系，确保该体系在各个方面达到平衡；再次，组织专家和智囊团共同制订公共决策方案，并对各种方案进行深入分析、评估和验证，以选择出最优方案；最后，执行选定的方案，并持续收集反馈意见，对原决策进行必要的修正和完善。

2. 信息系统

对于信息的概念解释众多，而事实上，信息指的是人们为认识和改造世界的需要而获得的有关事物的特征及运动状态的表述。信息是公共部门进行决策的前提和基础，没有信息，公共决策也就无从做出，因此，信息已经成为一种极其重要的资源。

构建信息系统对于科学的公共决策具有非常重要的地位和作用。当今社会随着经济和科技的迅猛发展，各种信息也是日益膨胀，以前所未有的速度发展壮大，社会信息化已经成为历史发展的必然趋势。如此繁多、变化频繁的公共信息，若出现问题再去搜寻则如同大海捞针、无比艰难，为此，必然要建立专门的信息系统，才能应付各种公共问题的需要，及时提供用于解决问题的必要、可靠的资料。

我国信息系统建立起步较晚、经验不足，存在的问题也不少，主要有信息沟通渠道不通畅、部分管理人员素质较低、反馈信息相对较少等多方面的问题。根据我国国情，改善公共信息系统是当前完善公共决策体系所面临的首要的问题。具体可从以下四个方面入手：首先，要从意识形态上认识到信息及信息系统的重要性；其次，是要建立一个收集各种信息的网络体系；再次，提高信息工作人员的能力和素质；最后，运用现代化的信息手段来分析和加工各种社会和政务信息。

3. 咨询系统

咨询系统，亦称智囊系统，是公共决策科学化不可或缺的组织支撑，其核心功能是为决策者提供咨询和参谋服务。虽然决策智囊的历史源远流长，比如在中国古代军事战争中，谋士和幕僚就已起到了关键的咨询作用，但现代意义上的咨询系统是在 20 世纪 30 年代的西方社会形成的。当时，由于生产方式、社会经济的深刻变革，公共事务变得越发庞大、复杂和多样化，单一决策主体难以凭借个人智慧、知识和能力做出科学、有效的决策，因此必须借助外部咨询力量来弥补不足。在这一背景下，许多专门从事咨询的公司和机构应运而生，如美国的兰德公司、日本的野村综合研究所等，它们为政府决策和社会活动提供了重要的智力支持。同样，我国也相继建立了各类政策研究室、专业研究中心、学会、民间咨询公司及专家顾问委员会等咨询机构，它们在公共决策的制定过程中发挥了积极作用。

然而，我们也应认识到，由于我国咨询机构的发展历史相对较短，在理论基础、技术运用等方面还存在诸多不足，导致咨询系统尚未能充分发挥出整合有效、辅助决策的作用。

在这里需要指出的是，任何意义上的"专家意见""咨询方案"都只能是提供参考，协助公共决策，而不能越俎代庖，代替公共决策。尤其是由于我国目前多数咨询机构的人员构成多为高校教师、科研单位研究人员，而这部分人员又大多精于理论而疏于实践，因而对政策运行环境、相关系统构成等影响决策的重要因素缺乏了解，提出的咨询意见往往难以反映全面的决策状况，因此决策者在选择方案时应慎之又慎。尤其是某些决策咨询部门的人员自身也涉及政策利益牵连时，往往难以站在中立的角度提出咨询方案，如果这时候不加选择地尊重"专家意见"势必导致决策的重大失误。

4. 公民参与系统

公民参与系统是一个重要的机制，旨在鼓励公民积极参与公共决策过程，倾听并采纳他们的合理意见。这一机制的核心在于确保公共决策能够真实反映人民大众的意见和利益，从而体现公共管理的民主化。在我国，建立公民参与系统尤为必要和重要。作为人民民主专政的社会主义国家，我国强调人民是国家的主人。人民群众通过各级人民代表大会的选举产生各级政府，这些政府的服务宗旨是为人民服务，并对人民负责，接受人民的监督。如果政府未能做到这一点，那么其合法性将受到质疑。历史和实践已经证明，发扬社会主义民主是建设社会主义的关键。

要做好公民参与系统的建立与完善必须做好以下两个方面的工作：①畅通信息反映的渠道，公民参与之所以长期以来都没有收到良好的效果，主要在于他们不知道哪些情况可以反映，应该向谁反映；②构建平等对话的平台，并使这种平台的建设法制化。有些部门在做出决策前虽然也要和公众协商，听取他们的意见，但大多流于形式，并没有取得实质的进展，从法律角度将这一制度固定下来才是解决问题的根本出路。

5. 监控系统

公共决策的监控系统是指主要针对公共决策者的决策行为和决策内容依法进行监督和控制的一系列行为和活动的总称。就其内容来说包括对决策者的主体资格的审查、行使决策权的过程中是否有违纪违法的情况、是否遵循一定的科学程序、是否符合民意、符合法定审批程序等。可以说，公共监控是对公共决策的主体、客体、内容、全过程的监督和控制，是公共决策走向科学化、民主化和法制化的重要保障。

公共决策作为一项至关重要的政治行为，对其进行及时的监控显得尤为必要。原因有以下两点：公共决策本质上是公共组织行使公共决策权的结果，而公共决策权作为国家权力的一种，同样存在着如果不受约束就可能导致权力腐化的风险；公共决策的影响因素具有多变性和不确定性，一项决策在初次制定时可能是正确且合理的，但在实际执行过程中，新的情况和挑战可能不断涌现。这时，就需要一个有效的监控系统能够持续提供信息反馈，帮助决策者根据实际情况调整决策方向，及时做出必要的修正，确保决策始终与预定的目标保持一致。

监控系统是多方位、多层次的，既可以是内部的自我监控，也可以是外部的他人监控。为更好地发挥监控系统的作用，监控主体必须强化自身的监控意识，认识到监控是实施自己权力的一种形式，并积极主动地实施这一种权力；进一步扩大监控主体的范围和监控内容的范围，使公共决策在任何领域、任何时间、任何地点都受监控；及时反馈监控的结果，进行总结，吸取经验教训，真正提高公共决策监控的整体质量。

（五）公共决策的程序

任何一个公共决策都是可以分为既相互独立又相互联系的若干个环节，这些环节就是我们所要谈的程序。公共决策程序的科学与否在很大程度上决定了公共决策的科学性、正确性，任何一个程序出现问题都将导致整个决策的失败，这就要求我们必须认真对待每一个环节和步骤。大致来看，公共决策的程序包括以下六个方面。

1. 问题的确定与分析

问题的确定实质上是一个对潜在挑战进行辨识和确认的过程。任何决策的核心都是围绕问题展开，旨在找到并解决问题。这个过程涉及对问题本身及其周围环境的仔细观察，收集原始数据，筛选信息，以排除那些不属于决策范畴的问题。通过深入剖析和辨别，我们可以提炼出最关键、最紧迫、最核心的问题。对于问题的来龙去脉、涉及的领域和层次、未来的发展态势等，则需要进行细致的分析。对决策问题的分析不仅是一个过程，更是一种策略和方法。正确的方法运用是确保分析质量，进而有效解决问题的关键。

2. 确定决策目标

公共决策要以目标的确定为前提，公共决策的目标与其他决策目标是不同的，它除了从解决问题的角度考虑外，还要考虑到对公众、社会的影响，要考虑到政治、经济、文化等因素，更重要的是要考虑到对社会的公平和公正，所以对公共决策目标的确定是一件很谨慎的事情，稍有不慎就会酿成大错。在具体确定一项决策目标时，要看它是否有明确的针对性，切中要害，找到解决问题的突破口。对于确定的目标，长远目标可以稍微粗糙，但具体目标一定要明确、具体，否则方案设计就很难把握了。

3. 拟订备选方案

拟订备选方案是要以决策目标为导向，在全面调查研究的基础上，运用适当的方法，设计出实现该目标的各种可行性的方案。这些方案可以从不同的角度出发，尽可能做到齐全，但方案与方案之间一定要相互排斥，这样才便于选择最佳方案，否则选择也就无从说起。任何一个方案的设计，基本上都是遵循这样的两个基本步骤：①勾画轮廓，拟订者可以抛开细节的束缚，从全局性的角度，多层次、多角度地敞开思路、大胆设想，拟订者本人的各种思维能力、判断能力在这里起着非常重要的作用；②轮廓加工，使之具体化，方案才有实行的可能性。这时就要把所有该考虑的因素都考虑进去，如轮廓设计本身就不合理，可以在这里剔除。

4. 选择最佳方案

在选择最佳方案之前，必须对所有拟订的方案进行全面而综合的分析与评估。这一分析过程应涵盖多个角度，包括方案与决策目标的契合度、成本效益分析、潜在风险的评估、实际可行性及实施后可能带来的副作用等。经过这样的细致和深入的分析后，才能进行方案的选择。方案的选择应基于上述多个分析层面的综合考虑，而非仅从单一角度追求最优化。因为完全理性的决策在现实中是不存在的，所以最终选出的方案可能并非完美无缺，而是相对较为满意的。这个方案仍须通过实践的检验，并在实际执行过程中根据情况进行必要的修正和完善。

5. 实施并完善决策

决策的价值在于其实际执行，不付诸实践的决策是空洞无物的。决策的实施作为一项具体行动，必须确保有明确的指挥、合理的分工、统一的实施标准及严格的检查监督。然而，即便在这样的条件下，决策的执行仍可能遭遇各种挑战。这些挑战主要源于决策制定与实施之间环境的变化、新情况的出现或新的影响因素的引入。这些变化都可能对决策的顺利执行产生重大影响。为了应对这些挑战，需要一个强有力的领导集体来及时、准确地指导决策的执行，化解可能出现的冲突和矛盾。在必要时，领导集体还需要对原有决策进行局部修正和完善，以考虑那些事先未预料到的新因素，确保决策实施过程的顺利进行。

6. 决策评估

"作为单一决策的最后一个环节，它所得出的结论，产生的经验、教训成为下次决策的参考资料，所以这个过程同样也是非常重要的。它可以找到在既定条件下实现组织目标的最有效的方法、技术；可以通过对决策方案的成本效益分析，对所需资源做出合理优化的配置；可以找到克服相应难题、阻力的对策等等。一般来说，决策评估可以分为以下四个步骤：①收集全面的真实的整个决策过程的资料，并对它进行分门别类；②将公共决策的效果与预先制定的决策目标进行对比，找出两者之间的差距，总结经验和教训；③分析产生差距的原因，采取措施尽量缩小差距；④召开全员总结大会，听取总结报告，让每个决策参与者都深刻领悟决策评估精神并把它落实到以后的工作中去。"①

二、当代公共决策科学化发展的新趋势

（一）基于现代决策的当代公共决策的科学化发展趋势

在公共决策的科学化发展趋势中，现代决策是重要的发展趋向。其主要体现为公共决策所采取的工具，从传统的经验、行为分析逐渐转变成为采取数学模型及其他科学化模型进行分析的方式。这种发展方式也称为现代决策。在这种趋向之下，公共决策的科学化发展朝着定性到定量的过程发展，也就是对于整个社会的变化，以及具体事件的深层次分析，都采取更为科学并且可量化的工具进行分析。

---

① 杨艳. 公共管理 [M]. 北京：国家行政学院出版社，2005：192-193.

1. 公共决策科学化的数学模型趋势

在公共决策领域，尤其是在第二次世界大战之后，西方普遍采用博弈论等数学分析方法。博弈论和回归线性方程分析对推动公共决策科学化起到了关键作用。这些方法通过对公共社会现象的发生概率、社会效益及负面影响进行综合考量，帮助公共部门在决策过程中更准确地把握事态发展趋势。相较于经验模型，数学模型能更精确地反映社会动态，为公共决策提供有力支持。在拟定公共决策时，公共部门必须全面考虑可能产生的各种影响，包括积极和负面的方面。这些潜在的社会发展趋势往往超出决策群体的直接预见，需要通过科学分析来综合评估。为优化公共决策并确保其顺利实施，公共部门不仅需要依赖具备一线行政经验的传统行政人员，还须引入具备现代决策知识、擅长运用数量模型进行分析的专业人才。这些原本较为学术的工具在实际应用中虽然无法涵盖所有情况，但能有效避免传统公共决策中基于经验的弊端，以更客观、理性的视角审视决策的主体与客体，并在平衡两者利益冲突方面发挥积极作用。

2. 公共决策科学化的数字化趋势

在公共决策科学化中有一个重要的趋势就是数字化趋势。采取信息化与数字化的手段进行决策是当前比较流行的一种发展趋向，也是公共决策逐渐朝着现代化发展的必由之路。随着信息化技术，特别是数字化决策手段的不断发展，在公共决策中广泛运用大数据及云计算方式，能让决策更科学与准确。大数据是当前信息化发展的最新成果，其能够对当前存在的社会现象与社会矛盾，利用大数据进行统计与分析，从而为当前的整个社会发展提出一个数字化模型。这种数字与信息技术的结合，能让公共决策更为科学，并且能针对现实存在的问题提出对应策略。

社会现象是多种多样的，所表现出来的特征也各有不同。在当代决策的过程中，如果仅仅对个别社会现象进行分析，而忽视对大多数社会现象所存在的共同本质进行探索，所提出的公共决策就不能适应广泛社会需求的变化，也不可能符合广大人民群众的利益。公共管理与服务部门在公共决策的过程中必须考虑广泛的社会现象背后的本质问题，即社会变化及整体社会演进过程中所形成的一系列的动态。这些动态往往是有章可循的，可以通过数字分析的方式对这些社会现象所存在的个别问题进行归纳，从而对社会现象背后纷繁复杂的一些成因进行整体分析。大数据分析能借助信息化工具得以实现，然后采取线性回归方程及两点分布等方式，在信息化工具的推动之下，让公共决策有更加明确和清晰的依据，从而使公共决策更科学与准确，更能符合社会发展的规律，并在中长期的公共决策与规划中得到普遍的运用。

3. 公共决策科学化发展趋势中的综合分析趋向

在公共决策科学化的演进中，综合决策分析日渐成为显著的发展趋势。它基于数量分析与行为分析的综合考量，成为推动公共决策发展的核心方法。传统的行为分析往往局限于个别社会现象，而现代公共决策则倾向于对广泛社会现象，特别是群体性事件和矛盾激化后的现象进行归纳分析。这种综合性行为分析借助数学工具和信息化手段，旨在深入理解行为背后的社会规律和驱动机制，从而制定更为科学的公共策略。

社会现象通常是社会发展规律在不同阶段的体现，其背后的连锁反应往往不为大多数人所熟知。在社会发展过程中，矛盾的激化与缓和需要一系列机制来推动，公共决策在缓和矛盾时必须考虑社会发展的基本规律及特定时期行为背后的动力机制。综合分析社会现象不仅是对各阶层利益诉求的反映，更是对社会规律的尊重。这一过程须借助现代化的思维方式和决策工具来实现。因此，综合性的研判与分析不仅是公共决策科学化的重要目标，也是其发展的必由之路。

（二）当代公共决策科学化发展趋向的主要动力机制

公共决策科学化发展趋向表现为数字化、综合化的特点。在这种发展的特点之下，公共决策科学化要朝着更符合当代公共利益的方向发展，就需要借助一系列的因素，包括形成公共决策科学化发展的动力机制，对构成动力机制的主要因素进行细化，保障公共决策科学化更符合社会发展的需求，并且能够反映时代的特征，真正服务于广大人民群众。

1. 决策群体与分析群体的保障

在公共决策科学化的发展过程中，决策群体与分析群体必须得到保障，这是公共决策在科学化发展中要解决的现实问题。决策群体，顾名思义就是公共部门的决策责任人，决策责任人在面对社会发展过程中需要制定公共政策，必须做出果断的决策。而其在决策过程中能否考虑到社会的综合效益，并且推动社会发展，则必须考虑其自身的综合文化素养，以及在公共决策方面所具备的决策水平。但是，决策群体并不能完全包揽公共决策的所有动力机制，也就是决策群体必须依靠分析群体借助分析工具才能得到科学的结论，并提出正确的决策。这就意味着从动力机制角度上分析，必须形成两套机制，在人员保障上既要有决策群体，也要有分析群体。分析群体懂得运用各种科学化工具，包括数字化与信息化的工具，在决策的过程中才能辅助综合性决策，基于行为分析与数量分析，对社会现象有更加客观和全面的认识，才能推出更科学的公共决策。

2. 决策分析样本的保障

要实现公共决策的科学化，关键在于确保所采集的分析样本具备科学性质。这要求公共决策者必须全面且深入地分析当前的社会现象，而这种分析的基础在于样本的纯粹性和客观性。在决策过程中，公共决策群体必须全面考量执行公共政策时涉及的各个方面，这包括对不同社会阶层的划分，以及这些社会阶层间可能存在的利益冲突。公共决策的核心目标是服务广大人民群众，因此必须充分体现广大阶层的利益。由于不同的社会阶层有着不同的利益诉求，这些诉求之间可能存在冲突，公共决策在形成过程中必须考虑并寻求解决或缓和这些矛盾。为了实现这一目标，公共决策的科学化动力机制中，必须充分考虑到所采集的社会现象样本的代表性和全面性。同时，对这些社会现象的综合剖析也是至关重要的，这有助于识别并理解潜在的社会问题。在样本采集过程中，应确保这些问题得到充分体现，从而使公共决策在形成科学趋向的过程中能够更有效地解决现实问题。

3. 决策工具在动力机制方面的作用

决策工具是极为重要的。然而大多数的公共部门在进行公共决策过程中，往往会忽视对决策工具科学化的动力调整，影响了公共决策科学化的动力机制。这也意味着公共部门在进行公共决策之前必须具备科学化的决策工具，也就是要有数字化及信息化的决策工具。只有具备具有这些特点的决策工具，公共部门在进行决策的过程中才能有章可循，所制定的公共决策才有一定的科学基础。决策工具的运用需要专业的分析人员，而决策工具所需的硬件与软件的配套，包括信息化的网络及各种大数据的云存储空间等，都需要公共部门通过拟定相关的财政预算进行采购。只有这样，才能让分析人员和决策人员有条件使用科学的决策工具，逐渐建立起更为全面的公共决策科学化发展动力机制。

（三）当代公共决策科学化的发展趋向展望

当代公共决策科学化的发展趋向必然是朝着科学和规范化的道路发展。只有明确当代公共决策科学化的服务目标，坚持对公共决策部门的优化配置，才能为社会公众及社会不同阶层的利益服务。

1. 基于群众利益的决策分析

"对于公共决策科学化的发展趋向而言，永远要坚持以群众的利益为先。群众的利益无小事。只有切实解决群众的实际困难，才能让公共决策真正服务于社会，为社会的发展提供推动力。对群众利益进行决策分析的重点在于解决群众所面临的实际问题，也就是基于群众的需求，对群众迫切需要解决的问题，要迅速地拟定公共政策，并解决好他们的实际困难。对于公共部门而言，之所以要推动公共决策的科学化发展，关键在于让公共部门能够服务于广大群众。因此，公共部门在决策科学化发展趋向中，始终要坚定群众的价值理念，以群众的利益为先，切实推动现实的发展。"[①]

2. 长远规划的价值导向

长远规划理念对于公共决策的科学化发展至关重要，它不仅是价值导向的核心，也是实现可持续发展的必由之路。长远规划要求公共决策部门摒弃短视行为，不应仅仅满足于缓解眼前的社会冲突，而应立足于社区的长远发展和城市的整体规划，充分考虑当前社会与城市的多维度需求，提出具有前瞻性和科学性的规划策略。公共决策的科学性体现在其能否符合未来数十年乃至上百年的社会公众利益。有些决策在短期内可能不显成效，但从中长期来看，这些决策依然能证明其科学性和对绝大多数人利益的维护。公共决策者需要具备高瞻远瞩的视野，

---

① 郝晨光. 当代公共决策科学化发展的新趋势 [J]. 改革与开放, 2019 (23)：50-51.

不仅要关注当前的社会需求，还要预见社会快速发展所需的社会容量，并积极提升社会的承载能力。这样的决策有助于确保社区乃至城市的发展更加符合人类社会的发展规律，从而推动整个社会的持续进步。

从上述两个价值取向可以看出，未来的公共决策科学化发展必须朝着正确的价值理念去执行。只有基于广大人民群众和社会阶层的需求，并且站在社会长远发展的动力角度去考虑，才能提出更加科学的公共决策。公共决策者作为公共部门的核心，更应该具有任重道远的价值理念，从社会的长远发展角度为社会及广大人民群众谋取更多的利益，这才是当代公共决策的价值所在。

第二节　行政执行的内容及步骤

一、行政执行的内容

行政执行的基本内容包括行政指挥、行政沟通、行政协调和行政监控，这四方面内容不是彼此孤立的，而是相互联系、相互影响的。

（一）行政指挥

行政指挥是行政领导者为确保组织目标的实现，按照既定的目标和计划，对下属的活动进行引导和管理的过程。在现代行政活动中，由于参与人员众多、分工精细、协作复杂且任务连续性强，各项工作紧密相连、相互影响，因此高效的行政指挥显得尤为关键。行政指挥的效果与领导者在组织中的地位、能力和素质密切相关。通常，具有较高层级和权威的领导者，其指挥更能激发团队积极性，引起广泛关注。

行政指挥的方式灵活多样，包括但不限于现场口头指挥、正式公文指挥和会议指挥等。这些方式并非严格区分，而是可以根据实际情况相互结合使用。口头指挥常用于领导者亲临现场，对即时问题给出明确指导，因其直接性、即时性和实效性而受到青睐。而书面指挥则更为正式，适用于传达广泛适用的政策和指令，通过文件层层下发，间接指导执行机关和人员。

统一高效、及时准确的行政指挥是各项工作有秩序进行的保证，没有指挥的行政执行是不可想象的。通过行政指挥，表明了领导对执行工作的重视，往往能调动大家工作的积极性；在执行的过程中，总免不了出现突发事件、发生意外、带来工作上的失误，坚强有力的行政指挥有利于及时采取果断的措施，排除障碍，将损失的程度降到最低。

（二）行政沟通

行政沟通也就是行政信息的沟通，主要是指在行政体系与外界环境之间、系统内部各部门间、各层级之间及工作人员间信息的交流与传递。同其他任何形式的沟通一样，行政沟通也包含了信息的发送者、传送渠道、信息内容和信息接收者四个方面，只不过行政沟通的目的更加明确，就是要使行政工作人员统一思想，提高认识，全面贯彻，灵活应对。

行政沟通的方式是灵活多变的，可以是面对面的沟通；可以是递交书面材料的沟通；也可以是电话式的沟通。在当今全面建设电子政务的过程中，政府上网、公务员上网也是非常重要的内容，因此，网上沟通也成为一种新的、快捷方便的行政沟通方式。

沟通是一门艺术，沟通情景的选择、时机的确定、语言的把握都是非常重要的，它们在很大程度上决定了沟通的顺利、成功与否。现实生活中很多人都忽视沟通，这是一个非常严重的问题，它是交流意见、消除分歧、统一目标、统一行动、加强组织凝聚力的有力武器。行政沟通中的信息对沟通起着非常重要的作用，这包括信息的真实性、获取信息的速度或全面性等。

（三）行政协调

行政协调是行政机关通过一系列科学、有效的方法和手段，旨在调整行政机关内部各要素与其所处的行政环境之间的关系，以确保决策目标得以高效实现。这一行为在行政管理活动中具有不可或缺的地位，是行政机关及其工作人员日常工作的常态。行政协调的艺术性在于其没有固定模式，更多地依赖于协调主体的领导风格和创新的思维方式。

行政协调的核心目标在于提升行政管理的整体效能，确保各项任务能够和谐、有序、高质量地完成。由于行政协调的灵活性，其方式也呈现出多样性，涵盖了部门间、层级间及人际的协调。

在行政协调过程中，能够有效打破因信息不畅造成的部门间隔阂，促进各部门间的交流与合作，从而平衡各部门间的利益分配。同时，行政协调也注重上下级关系的和谐，虽然存在领导与被领导、命令与被命令的关系，但更强调通过积极的配合和沟通，将传统的被动服从转化为主动的协同。此外，行政协调还关注同一部门内部人际关系的处理。组织内部难免存在矛盾和冲突，但通过及时的协调，从全局出发阐述组织目标，并在尊重每个人的基础上进行平等对话和坦诚交流，能够显著增强组织的凝聚力和向心力。

（四）行政监控

行政监控在定义上分为广义和狭义两种。广义的行政监控涵盖了政党、立法机关、司法机关、社会团体、行政组织及公民等多个主体，它们共同对国家行政机关及其工作人员在执行过程中的行为是否遵守法律法规进行监督和控制。而狭义的行政监控则特指行政系统内部对自身在执行过程中是否遵守法律法规的自我监督和控制。在此，我们主要讨论的是广义的行政监控。

行政监控的实施方式丰富多样，以下是三种常见且典型的监控方式：行政审批是一种由上级机关或专门的审批机构对某项活动进行的进一步审核，以确保活动符合法定程序，以及活动的组织、人员、财物的安排是否合理；预决算审查是一种涉及财政方面的审查制度，要求相关机关提交正式的预算和决算报告，并对机关和财政工作人员的账目进行查验，以确保财政活动的合规性；质询或询问是一种更为正式的监控方式，通常由人大或政协对政府工作提出疑问，要求政府进行解答，与一般的询问相比，质询对时间和地点都有更为严格的要求。

公共管理过程中的任何一个环节都少不了监控，这是因为监控是政府走向合法性的重要保障，它有利于及时纠正管理过程中出现的不合理、不合法的现象，有利于树立政府廉洁、高效的形象，有利于保护公民、法人和其他组织的合法权益。我国在行政监控方面取得了相当的成绩，但也存在着众多的问题。我国是一个有着悠久行政监控历史的国家，因此，要从中发掘先进的监控经验，并借鉴西方国家在这方面的具体做法，探索中国特色的行政监控体系。

二、行政执行的步骤

（一）准备阶段

行政执行是否能取得顺利进展与前期的准备工作做得是否充分是密切相关的，只有踏踏实实把准备工作做好，才能为下面的工作打下良好的基础。一般来说，准备阶段包括行动方案的拟订、任务的分解、资源分配和思想动员四个方面。

1. 拟订行动计划

计划具有双重含义：一方面，它指的是在科学预测的基础上，为实现组织目标而对未来一段时间内的工作进行预先规划和安排的活动；另一方面，它指的是这种规划活动的具体成果，即准备实施的详细方案。

行动计划在执行过程中扮演着至关重要的角色，具体体现在三个方面。首先，周密的行动计划是确保执行活动顺利进行和决策目标实现的关键。公共决策的实现往往需要跨地区、跨部门、跨单位和人员的长期协作。没有统一且周密的计划，各部门、各单位、各阶段的活动就可能陷入混乱。而通过精心设计的计划，我们可以将不同部门、单位和阶段的活动纳入统一的框架内，明确组织结构和人员职责，从而最大限度地发挥资源的效能。其次，周密的行动计划为执行过程提供了控制和监督的基础。计划与控制是相辅相成的，控制需要依赖明确的指标和体系来评估行动的效果。没有预设的标准，仅凭主观判断很难准确评估执行活动是否达到预期目标或是否存在偏差，也就难以对下级完成任务的情况进行有效的监督和检查。最后，周密的行动计划有助于未来发展趋势进行科学预测，从而及时调整策略，防范潜在风险。

2. 任务分解

任务分解同样也是行政执行中很重要的一步、其内容是指将决策目标分解成若干个不同的组成部分，如人力、财力、物力资源、沟通与联络、日常事务协调等。由于具体决策的目标各不相同，因此经任务分解后的具体组成部分也有所不同。具体的任务都要有相应的部门配置和确定的职位、职责、职权。这些都是任务分解过程中应着手解决的问题。任务分解不是越细越好，而是要看实际的需要。部门设置、职位提供、人员规模等都应尽量精简，以利于及时沟通和协调，及时解决问题，降低损失，提高效率。

3. 资源分配

资源包括人力资源、财力资源、物力资源和信息资源等。离开了资源的支持，任何工作都无从展开，这是最根本的物质保障。对人力资源的分配要做到将合适的人放到合适的岗位上，发挥个人的优势，而这需要对执行者个人的能力、品质、性格、爱好有比较全面的了解或建立比较科学的考评机制进行选拔；对财力、物力资源的分配要使财力、物力与任务相适应。通常理解上，财力资源的配置也就意味着可以购买相应的物力资源，而实际上，对行政执行而言，很多物力资源是通过长期积累形成的，难以采用简单的价值支付手段获取。财力、物力资源分配的主要目的是防止浪费，而财力、物力资源的分配过量不仅浪费国家资财，而且有可能诱发多种行政道德违规行为，如崇尚奢华、内部人事纠纷，甚至贪污犯罪行为等。

4. 思想动员

行政执行机关工作人员的认知、态度及面对挑战时的信心和毅力，对于实现决策目标具有深远的影响。因此，在执行决策之前及执行过程中，对执行队伍自身状况的审视和调整至关重要。一旦发现队伍中存在认知偏差、态度消极或其他影响执行效果的问题，必须迅速反应，深入调查原因，并采取有效措施加以解决。首先，应提供一个开放的环境，让工作人员充分表达他们的不满、遇到的困难和承受的压力，以便全面地了解问题所在，为后续的解决策略提供依据。其次，要以耐心和理解的态度进行解释和沟通，努力消除工作人员的疑虑和困惑，通过清晰的解释和有力的支持，帮助他们建立对决策目标的信心，激发他们的工作热情和积极性。最后，要深化工作人员对决策目标的理解，特别是强调其重要性和深远意义，不仅能够提升工作人员的责任感，还能够激发他们战胜困难和挑战的决心和斗志。

（二）实施阶段

行政执行的实施阶段是指行政执行机关及其工作人员在执行过程中面对各种

复杂的环境和因素，如何发挥指挥、沟通、协调和监控等功能性环节的过程。

（三）总结阶段

行政执行总结是指行政执行完成后对其进行全面的检查和评价，总结经验、吸取教训。这是行政执行工作的最后程序，也是不可忽视的一道程序。

行政执行总结是确保行政工作持续改进和优化的重要环节，其内容主要包括以下三个方面：首先，需要全面深入地了解和掌握行政执行的实际情况，这是进行总结的前提条件，这一步骤涵盖了对任务完成进度的核查、对执行过程中出现的问题和错误及其解决方案的梳理，以及对财政状况的全面评估。其次，对行政执行情况进行客观公正的评定至关重要。总结的价值在于其真实性和实用性，只有建立在客观事实基础上的总结，才能为未来的工作提供有价值的参考。最后，总结过程中要重点提炼和吸取经验教训。总结的目的不仅在于记录成果，更在于从经验中汲取养分，从教训中找出改进的方向。将总结的精神内化为行政工作人员的自觉行动，是总结工作的真正意义所在。在一定程度上，总结的意义深远而重大：①它为未来的行政工作提供了宝贵的参考资料，使我们在面对类似情况时能够迅速找到解决方案；②通过总结，行政工作人员能够提升理性思维和抽象思维的能力，使自身的理论水平和工作能力得到新的提升；③总结还包括对先进单位和个人的表彰，这不仅能够树立典范，还能有效激发全体人员的积极性、主动性和创造性。

第三节　公共项目评估的相关思考

一、公共项目评估的含义及内容

（一）公共项目评估的含义

评估作为一个古老的概念，其演进与人类社会的不断发展紧密相连。进入19世纪后半叶，现代评估理念逐渐在社会经济活动领域形成，其核心聚焦于企业，通过细致分析企业的债务偿还能力、风险抵御能力，以及盈亏平衡等微观经济效益来全面评估企业的综合状态，目标在于实现利润的最大化。到了20世纪60年代，评估的理念与方法开始渗透到公共管理领域，公共项目评估应运而生。这一新兴领域不仅建立在经济评估的基础之上，还广泛吸纳了政治学、管理学、社会学等多学科的理论精髓。这一转变并非偶然，而是有其深刻的历史背景。20世纪60—70年代的西方国家，面临着严重的社会问题，如失业、贫困和犯罪等，而这些问题又与经济停滞紧密相关。在这样的背景下，政府面对社会问题的无能为力导致了公众对政府信任度的下降，进而威胁了政府的权威和地位。为了稳定社会、寻求发展，西方各国不得不重新审视自身，调整管理策略，并重新定位政府角色。正是在这样的时代背景下，公共项目评估开始广泛兴起。

所谓公共项目评估，是指通过对公共项目管理的审查、监督和经验总结，分析研究公共项目的实施对社会发展所产生影响的一种活动，其目的是提高政府的公共管理水平和公共管理的绩效。

对于公共项目评估的定义，可以从以下三个方面来理解。

第一，公共项目评估的对象是公共项目的实施对社会发展产生的影响。因此，在公共项目评估中，除了运用经济学的知识外，还要用到社会学、管理学、政治学等相关学科的知识。

第二，公共项目评估的手段是审查、监督和经验总结。通过这些行之有效的手段和方式，从整体的角度把握项目实施的实际状况，获取真实的信息，并比较与预期目标的差距，及时对公共项目管理做出调整，纠正偏差，从而能更好地完成公共项目管理的目标。

第三，公共项目评估的最终目的是提高政府公共管理的水平和公共管理的绩效。通过公共项目评估，能对管理者是否按照所制定的政策去实施公共项目，管理方法是否得当，管理效率高低等问题进行评判。

（二）公共项目评估的内容

1. 经济效益评估

公共项目评估的起源与经济领域紧密相连，因此在实践中自然融入了经济分析方法，其中经济效益评估尤为关键且有效。经济效益评估涵盖了两大方面：财务分析和国民经济评价。财务分析专注于公共项目本身，深入剖析项目实施所需的各项投入及其方式，并详细分析项目的产出能力，即项目为社会创造的物质财富或服务价值。这种分析通常基于投资项目的盈利和成本结构，为项目决策提供了直接的财务视角。而国民经济评价则站在国家整体的角度，以资源的合理配置为前提，全面考察公共项目的效益和费用。

2. 公共项目持续性评估

公共项目评估也要保持可持续发展，要从长远的观点分析研究公共项目与社会环境之间的关系和风险因素，以评估公共项目的可持续能力。其主要内容包括公共项目可持续产生的效益，对公共项目持续发展所必需的相关政策、管理、技术、组织、财务等各方面条件的预测及所必须采取的有关措施等。

3. 公共项目影响评估

公共项目的影响评估是一项综合性的分析过程，旨在通过审视项目的经济、环境和社会等多个方面的效应来全面评估公共项目的执行效果。在经济影响评估方面，重点在于衡量公共项目对国家、部门、地区等外部经济发展的贡献和影响。这涵盖了社会资源成本分析、公平分配、技术进步、区域平衡及国家经济发展战略等多维度内容。通过这些评估，可以更准确地了解项目在推动经济发展、优化资源配置、促进技术进步等方面的作用。环境评估则侧重于分析公共项目对自然环境、生态环境及自然资源的潜在影响。这包括评估项目对社区的生态平衡、环境质量的影响，以及项目在污染控制、环境治理、环境监测和管理等方面的表现。此外，还须考虑项目对自然资源开发与利用的合理性。社会影响评估则关注公共项目对社会发展目标的贡献和影响。虽然社会影响涉及的内容广泛，但在具体评估过程中，应根据项目的特点和实际情况，有选择地侧重于分析那些对社会发展最为重要的因素。这些因素可能包括社会稳定与发展、文化与教育、社会就业保障、民族与宗教问题、妇女儿童问题等。

4. 公共管理机构评估

公共管理机构的评估也是公共项目评估中非常重要的一个内容，它主要通过对公共项目相关机构绩效的评估，以考核、审查、监督公共管理过程，总结公共管理活动的经验和教训。公共管理机构评估涉及的内容很多，主要包括机构的组织形式及相互关系、职责是否相当、组织适应性和灵活性、工作人员的效率和素质等。

二、公共项目评估的程序及作用

（一）公共项目评估的程序

公共项目评估是由一系列的步骤和环节组成的，虽然各个具体的公共项目评估在细节上会有所差异，但总的来说，它们都是遵循一个客观的、循序渐进的基本程序。这些程序包括评估问题的确定、评估方案的拟订与选择、评估的实施、评估信息的反馈和评估总结这样四个方面。

1. 评估问题的确定

评估的出发点总是基于特定的公共问题，问题的准确定位是评估能够顺利进行的前提条件，同时也能有效避免评估工作的盲目性。在确定评估问题时，通常需要深入分析公共项目的提出背景、动因，明确项目期望实现的目标，以及评估的具体目标和要求。这种对公共项目评估问题的精准把握和判断，不仅反映了评估人员的专业水平和认知能力，更是激发他们积极性、主动性和创造性的重要动力。

2. 评估方案的拟订与选择

评估总是要遵循一定的方案，需要制定详细的评估计划，内容尽可能具体和全面。一般来说，评估方案包括评估机构的设定、人员的安排、资源的配置、范围的划分、标准的确定以及方法的选择。方案可以拟定若干以供选择，选择方案除了要考虑方案的科学性外还要考虑它的可行性。有些方案看起来很漂亮，可经不起实践的检验，在实际工作中是行不通的，那也就失去了评估的意义了。

3. 评估的实施

当评估问题的明确和评估方案的选择完成了前期准备，接下来的实施阶段便成了评估的核心。在实施公共项目的评估时，首要任务是全面、准确地收集各种可靠的资料和数据。这些资料可能涵盖统计数据、其他国家或地区的类似项目资料、专家意见及相关文件等。随后，对收集到的资料进行分类整理，运用定量和定性的分析方法对数据和材料进行细致研究。在这一阶段，我们会运用多种方法综合考量公共项目的各个方面，深入挖掘问题的原因，并最终得出准确的结论。这是评估活动中最为关键的一环。

4. 信息的反馈和总结

评估信息反馈是总结的前提，信息反馈越全面，总结就越深刻，收效就越好。一般来说，评估总结包括经验和教训两个方面。在总结评估的过程中，由于受工作人员主观因素及客观条件的限制，初步评估的结果往往会有疏漏和不足，需要吸取专家的意见，对初步结论进行修正和完善。信息总结要求编制出公共项目评估报告，提交有关领导和部门。

（二）公共项目评估的作用

1. 有利于促进公共管理人员管理水平的提高

公共项目评估不仅仅局限于项目本身的成效，它在某种程度上也是对公共管理人员工作表现的一种考量。通过深入了解公共项目的实际执行状况，收集真实的数据，对比分析项目实际成效与预期目标的差异，我们能够全面评估造成这种差异的原因，从而总结公共项目决策与实施中的经验与教训。这些评估结果对于相关部门至关重要，它们为公共项目管理的调整和优化提供了依据，有助于弥补项目的不足，并为未来项目的决策与实施积累宝贵的经验。更重要的是，公共项目评估还能够揭示管理人员在管理过程中的问题与失误，激励他们提升管理水平，确保公共服务的高效与有效。这种评估机制对于完善和提高公共部门工作人员的管理水平和能力起到了积极的推动作用。

2. 有利于促进公共管理的科学化

公共项目评估与其他评估的最大不同在于公共项目具有"公共物品"的特性，不受市场供求关系制约，公共管理过程完全取决于公共管理部门一方的行为。因此，通过开展公共项目决策是如何做出的，了解公共项目实施的状况和效果，增进政府公共管理运作的透明度，可以使得社会能够有效监督政府的公共管理过程，达到规范和约束政府的公共管理行为，从而促进公共管理的科学化。

3. 公共项目评估有利于社会资源的合理配置

公共项目的评估，必须有相应的物质保障，也就是人力、物力、财力等资源的投入。但社会资源是稀缺的，如何有效、合理地配置社会资源对公共管理过程非常重要。一项公共项目的实施，在局部上可能最优，但从社会长远看却是弊大于利，这种情况还是大量存在的。因此，公共管理必须从社会整体的角度，使有限的社会资源得以合理配置，发挥最大效益。通过开展公共项目评估，确认每项公共项目的价值，决定投入各项公共项目的资源的优先顺序和比例，可以寻求最佳的整体效果，使有限的社会资源合理配置，从而发挥最大的社会效益。

4. 公共项目评估有利于提高公共部门的绩效

公共管理部门是公共项目决策的制定者和公共项目实施的管理者，在公共管理过程中的作用举足轻重。通过公共项目评估，可以对公共项目决策正确与否，这些机构和人员是否按照所制定的政策要求去实施公共项目，是否应用科学的管理方法，实施效果是否达到预期目标，是否灵活采取应变措施，管理的效率如何，是否能够根据不同的客观情势确定该由谁承担失误的责任，并对公共管理机构及其人员的业绩进行考核和评定，从而促进公共部门的绩效。

三、我国公共项目评估的发展与完善

（一）我国公共项目评估的现状

20 世纪 80 年代，随着全球交流的不断深化，西方公共项目评估的先进理论和方法逐渐传入我国，特别是与世界银行等国际组织的交流与合作，为我国公共项目评估事业的起步与发展注入了强大动力。历经多年的积极探索，我国公共项目评估事业取得了显著进展，主要体现在以下三个方面。

第一，在评估理论与方法上，我国积极吸收和借鉴了西方在此领域的丰富经验，并结合本国国情，探索出了一系列具有中国特色的评估方法和决策工具。这些工具涵盖了政策科学和经济学两大核心领域，其中政策科学主要聚焦于政策评估的理论与方法，而经济学领域则重点发展了项目社会评价、项目后评价等。

第二，在评估实践层面，我国也积累了丰富的经验。过去的几十年里，公共项目评估工作不断从政治学、社会学、管理学等多个学科中汲取营养，将这些跨学科的知识与技能应用到具体的评估实践中。

第三，在评估组织建设上，一些专门的评估组织机构如国务院发展研究中心等相继成立。

我们必须正视，公共项目评估在我国仍处于初步发展阶段，仍面临着诸多挑战。目前，我国的评估方法相对滞后，实践经验不足，缺乏全面系统的理论研究，且尚未建立起全国性的统一评估体系。当前的公共项目评估，无论是针对国家政策还是基本建设项目，其评估水平普遍偏低，多依赖于经验推断，而缺乏规范系统的分析和严谨的逻辑推论。这些挑战主要源于以下四个方面：首先，公共项目本身具有广泛的范围和复杂的类型，问题多变，这对公共项目评估的专业性和精确性提出了极高的要求；其次，作为一个新兴的研究领域，公共项目评估的研究方法和手段尚未健全，相关的配套措施也亟待完善；再次，公共项目评估需要一批具备经济学、管理学、社会学、政治学等多学科背景的评估人员，而我国在这方面的专业人才储备还远远不足；最后，公共项目评估在实际操作中常受到政府管理部门的影响和干预，这在一定程度上制约了评估工作的顺利进行和深入发展。

（二）建立完善的公共项目评估体系

随着社会主义市场经济体制的确立，公共项目评估日益引起重视。探索中国特色的公共项目评估的发展途径，推进公共项目评估工作的全面开展，建立起完整规范的全国性的公共项目评估体系，是当前我国社会主义市场经济建设的客观要求。而建立和完善我国公共项目评估体系主要需要从以下五个方面入手。

1. 树立公共项目评估的意识

公共项目评估传入我国仅有短短数十年时间，即便是公共部门的工作人员对它的产生、发展及在我国的实际应用也都不十分清楚。事实上，公共项目评估在我国产生并不断发展是有其深刻的社会原因和历史原因的。公共部门的工作人员要加强这方面的学习和了解，认识到公共项目评估的重要意义和作用，树立评估意识，改变对其消极、抵制的态度，从而积极地配合各方面的工作，推动评估事业的发展和进步。

2. 明确评估对象

评估的核心在于明确的目标，若评估对象模糊不清，那么评估本身便失去了应有的价值和意义。因此，在选择评估对象时，我们应当聚焦于那些公众高度关注、能产生显著效果与影响的、具有代表性的典型项目。这些项目不仅需要有明确的定义，还需要有可靠的数据来源，以及清晰明确的手段与效果之间的逻辑关系。盲目或不加选择地进行评估，不仅是对人力、物力、财力的巨大浪费，而且最终得出的评估结果可能缺乏实际指导意义。在当前，公众对公共项目评估的认知和接受度尚未完全普及，若因评估对象选择不当而导致不良影响，将进一步削弱人们对公共项目评估的信任和信心，从而不利于培养和增强公众的评估意识。

3. 建立合理有效的评估机构

评估是一件有组织的系统性工作，需要遵循一定的规律和程序。有效的评估机构是评估工作展开的物质载体。评估机构有内部和外部之分，内部的评估机构主要负责协调公共项目的管理，通过检查、回顾和总结及时发现管理过程中存在的问题；而外部管理则是指在立法和审计部门等进行的专业的评估，它们通过对公共项目实施审计和监察，向立法机关、政府及公众公布评估结果，以监督政府的公共管理行为。

4. 建立信息系统

现代社会，任何行为从谋划到实施都离不开信息。公共决策过程需要大量准确、翔实的信息作为基础，公共项目评估也同样有这种需求。可以说，完备的评估资料和数据，是开展公共项目评估的基础。公共项目的评估涉及经济学、社会学、管理学、政治学等方面的信息，所以建立相应的项目评估信息系统是相当必要和有意义的。

5. 加强评估立法，依法评估

公共项目评估在国家机构中的位置具有其独特性，不论是由外部还是内部评估机构执行。鉴于其重要性，公共项目评估的过程亟须法律层面的支持和保护，因此，加强评估立法已成为当前的重要议题。首先，要从法律层面明确公共项目评估的地位，确保评估工作的顺畅进行；其次，应制定详细的评估制度和范围，明确哪些项目适宜进行评估，哪些项目则不宜，从而在法律上为评估工作提供明确的指导，并在实际操作中提供制度性的保障。总之，公共项目评估是一项既复杂又关键的工作。加强评估立法，确保评估工作依法进行，是实现评估工作法律化、规范化和制度化的根本保证。

第四节　公共管理的方法与技术

一、公共管理的方法与技术概述

（一）公共管理方法与技术的内涵

公共管理的方法与技术是指公共管理主体在管理社会公共事务的过程中为履行公共管理职能和提高公共管理效能所采取的方式、手段与技术措施等的总称。广义的公共管理方法泛指公共管理活动中所采用的一切方式和措施，包括传统意义上的行政管理方法，也包括公共管理的技术（所采用的自然科学与技术科学的手段）；狭义的公共管理方法就是指传统意义上的非技术性的管理方法。

首先，公共管理的方法与技术其实是一套抽象的原理，并不能直接在实践中应用，它必须根据实际情况，并结合相关的原理，因地制宜、因时制宜地采取行动，达到解决问题的目的。其次，公共管理的方法与技术的直接目的是增加管理的绩效。现代公共管理日益注重对管理绩效的评估，因此方法与技术问题就越来越引起人们的重视。最后，公共管理的方法与技术是公共管理理论与实际经验的产物，随着公共管理理论的变化和实际经验的不断积累，其方法与技术也处在不断发展变化当中。

（二）公共管理方法与技术的分类

从行政方法的定量化程度来看，可以将其划分为定性和定量两大类别。定性的行政方法侧重于对事物本质特性的深入分析和判断，例如在行政管理活动中，可能会用到这种方法来判断面临的问题属于政治、社会还是经济范畴。而定量的行政方法则依赖于数值和数据来明确事物的发展程度，这通常涉及数学模拟和模型构建，如通过数学模型来模拟和预测实际问题的发展。

从行政方法的现代化程度出发，可以将其区分为传统与现代两类。传统方法具有悠久的历史背景，而现代方法则更多地融入了现代科技和理论，强调方法的科学性和精确性，以及量化分析的应用。

从行政方法的民主化程度来看，可以将其分为专制、民主及民主集中三种类型。这些分类反映了行政决策和执行过程中公众参与的程度和方式。

根据行政方法作用的层次，可以将其分为一般方法和具体方法。一般方法具有普遍性和综合性，为具体方法提供基础。而具体方法则是一般方法在具体情境下的应用和实施。

从行政功能角度来看，可以将其细分为计划、决策、组织、领导、协调、监督、控制等多种方法。

从行政方法的理论基础出发，还可以将其划分为政治学、经济学、社会学、心理学、法学、数学等多种方法。

从行政方法的内容来看，可将行政方法划分为法律方法、经济方法、行政指令方法、思想教育方法、行为激励方法。

（三）公共管理方法与技术的特征

1. 静态特征

第一，政治性。公共管理方法与技术本身作为公共组织管理社会公共事务的各种方式、工具和程序，比较注重实用性和操作性。公共管理方法与技术表面上的超政治性并不能否认其本质上的政治性。公共管理方法与技术在本质上具有服务于公共组织的根本目的。政府作为公共管理的核心主体，在公共组织体系中处于最重要的地位，而政府的根本属性在于其所具有的阶级性。因此，公共管理方法与技术虽然以注重公益性和操作性的面目出现，但其本质上具有浓厚的政治性。

第二，目的性。公共管理方法与技术的运用并非随意而为，它们承载着明确的目的性。这些方法与技术的核心在于贯彻公共管理思想，有效履行公共管理职能，并致力于实现既定的管理目标。它们的存在，旨在为社会大众提供广泛而必要的公共物品和服务。

第三，多样性。公共管理方法与技术在不同的历史阶段都展现出了各自独特的侧重点，但共同点是它们都体现了方法的多样性。传统的行政方法倾向于依赖行政指令、经济处罚及思想教育等手段。然而，在当前的公共管理阶段，随着政府职能的转型和工商部门管理经验的借鉴，公共管理方法与技术逐渐转向更加灵活和多元的模式，如购买服务、目标管理、战略管理及多元协作共治等。

第四，科学性和艺术性。公共管理方法的产生、发展及其具体运用，由其时其地的管理活动的客观需要决定，受公共管理活动规律、公共管理运行原则及公共管理主体的素质、水平的制约。公共管理方法是一个将科学性、艺术性融为一体的概念，各种公共管理方法都以科学技术和客观规律为前提，但任何方法的实际运用，都需要管理主体因时因地因情而异，需要高度的技巧和艺术。

2. 动态特征

第一，灵活性。公共管理方法具有极强的应变能力和作用，能有效解决和克服公共管理中的种种困难，实现公共管理目的。

第二，策略性。公共管理方法相对于公共管理的原则、性质、任务内容来说，是不稳定的、多变的，只是实现它们的技术与手段，因而富有弹性和选择性。

第三，实践性。公共管理方法是在实践中产生，并在实践中运用，在实践中修正与完善的过程，具有很强的实践性。

第四，继承性和创造性。公共管理方法是一个历史累积过程，具有继承性；公共管理方法因情景的变化而不断地调整自己，因而具有很强的创造性。

二、传统公共管理的方法与技术

传统公共管理方法通常就是指行政方法。一般来说，所谓行政方法，是指行政组织及其人员为实现行政管理目标，在行政管理过程中所采取的程序步骤、技术手段、办法途径的总称。行政方法贯穿于行政管理活动的各个方面，行政决策、行政领导、行政执行、行政监督、机关管理等都需要采取一定的方法。行政方法具有合理性、有效性、常规性、系统性、灵活性的特点。

（一）行政手段

1. 行政手段的基本内涵

行政手段是传统公共行政的主要方法。行政手段，又称为行政指令，是指行政主体依靠行政组织权威，运用命令、决定、指示等形式，通过行政组织系统和行政程序，直接影响行政管理对象的意志和行动的行政方法，是行政组织中最常用的行政管理手段。其实质是通过行政组织的层级管理和职权专属原则贯彻行政意图，具有权威性、强制性、层次性、具体性和直接性。行政指令的优点在于政令集中统一、工作重点突出、资源调配集中迅速，能尽快地实现国家行政权力对社会经济生活的有效干预，如救灾抢险等。但是，行政指令方法对行政主体的决策和执行能力要求很高，而且行政指令方法可能因管得过死，限制了下级执行的主动性和创造性，还可能因为强调纵向指挥命令，忽略了横向的协调合作关系，以致出现条块分割、以邻为壑等问题。

行政手段的实质是国家通过各级行政机构和行政管理者，采取的一种具有强制性的管理方法，以确保国家政令得以迅速有效地执行。这种手段体现了行政管理的职责和权力，而非个人的意志和能力。然而，行政手段的实施并非无限制，需要遵循一定的条件。在运用行政手段时，应特别注意以下四点：首先，须树立和维护行政系统，特别是各级领导者的权威，以确保政令的畅通无阻；其次，贯彻责权一致的原则，建立健全监督机制，防止权力的滥用和失责；再次，加强横向协调，打破部门壁垒，防止本位主义，促进整体利益的最大化；最后，应坚持一切从实际出发，具体问题具体分析。

根据行政指令载体的不同，可将其分为书面的行政指令和口头的行政指令；根据行政指令作用对象的不同，可将其分为对内的行政指令和对外的行政指令；根据行政指令所涉及层面的不同，可将其分为宏观上的行政指令和微观上的行政指令；根据行政指令相对于事件产生时间的不同，可将其分为事前的行政指令和事后的行政指令。

在运用行政手段时，需要明确区分其与强迫命令、个人专断和主观主义瞎指挥的区别。行政手段的权威不等于滥用职权，其强制性应与有效性相结合。同时，实现行政目标的同时，也应维护行政对象的合法权益。

2. 行政手段的具体方式

行政指令方法由四种手段组成。第一，行政命令手段。这是凭借国家政权的权威和权力，主要通过发布命令、指示等形式，由上级按纵向垂直的行政隶属关系，直接调节和控制下级的各项活动，带有明显的强制性。第二，行政引导手段。它是指上级对下级活动的控制，不采用命令的方式，而是指明方向加以引导，进行说服规劝。这种引导手段在一定条件下将取代行政命令手段，并日益显示出其在行政手段中的重要性。第三，行政信息手段。这一手段的主要特征是，上级对下级的活动存在需要加以调控的必要，但既不采用行政命令的方式，也不采取说服、引导的方式，而是通过各种信息渠道和工具，揭示下级在活动中应按照上级意图自行抉择。这种方式将突破行政指令手段纵向联系的典型运用方式，而向横向联系方向发展。第四，行政咨询服务手段。它是指上下级之间或地方政府之间就某些疑难问题提供咨询服务，如提供可行性论证的建议等。

（二）经济手段

1. 经济手段的基本内涵

经济手段也是传统行政实现目标的重要方法之一。行政经济方法是指行政主体根据经济规律和物质利益原则，运用各种经济政策和经济杠杆调节不同的经济利益关系，以达到较高经济效益和社会效益的行政方法。经济方法的基本内容包括经济政策和经济杠杆两个方面。经济政策是国家为实现经济发展目标而制定的行动准则和行动方案。宏观经济政策主要包括财政政策、金融政策、产业政策、外汇政策、收入政策、区域政策、价格政策等。

经济杠杆是经济政策的延伸和执行手段，主要是通过制定和调整工资、价格、利率、税收、信贷等方法，运用经济合同、经济责任制、奖惩措施，调整经济利益关系，引导和影响市场主体的微观经济决策。

经济手段的优势在于其能够顺应经济规律，通过经济杠杆的巧妙运用，有效发挥市场机制的作用，从而激发社会的广泛积极性。然而，其局限性亦不容忽视，即过度强调利益动机可能导致对精神激励和社会价值的忽视。此外，经济方法通常需要投入大量经济资源，并对定量分析有较高要求。值得注意的是，依据边际收益递减的规律，物质激励的效能并非永无止境。

为了克服这些局限，经济方法必须严格遵循客观经济规律，灵活运用各种经济手段，以平衡各方利益关系，并激发组织的行为动力。经济方法的特点在于其间接性、关联性和有偿性，这些特点使得经济方法能够在广泛的领域中得到应用。经济方法的运用可以从宏观和微观两个层面展开。在宏观管理中，国家可以通过财政、金融、汇率等经济手段对国民经济进行宏观调控，以实现整体经济的平稳发展。而在微观管理中，公共行政组织可以运用经济手段，将组织内部各层次、各成员的利益与其工作成效、业绩乃至整个组织的成果紧密联系起来，从而激发大家对自身工作的关心和对组织整体成果的责任感。在具体操作上，主要的经济手段包括工资、奖金、罚款和税收减免等。

2. 经济手段的具体方式

公共管理中所使用的经济方法是指政府根据客观经济规律和物质利益原则，着眼于市场机制作用的发挥，运用价格、税收、补贴、利息、公债等经济杠杆，以及市场化的方式开展行政管理活动的方法。

经济手段具体包括价格、税收、政府支出、利息、公债、合同外包、产权交易、内部市场、凭单制等。

（三）法律手段

1. 法律手段的基本内涵

法律一直是公共行政的重要管理方法。尤其是在现代社会中，法律具有最为重要的地位。简单地讲，行政法律方法是指行政主体依照法律法规和规则等规范性法律文件的规定，运用行政执法手段，调整行政管理中各种社会关系的行政方法。行政法律方法包括两个方面：一是行政主体制定行政法规、行政规章等行政立法活动；二是依法行政，用法律手段保障行政权力的行使，维护行政管理秩序。

而这里所指的"法律"是一个广义的概念，既包括国家正式颁布的法律法规，亦包括各级国家机关所制定和实施的具有法律效力的各种社会规范。法律方法的实质是，通过法律法规的实施，将统治阶级意志转化为社会公众的普遍行为，用法律法规去调整各种社会关系，使其朝着有利于行政目标的实现方向发展。

2. 法律手段的具体方式

我国规范性的法律文件主要包括宪法、法律、行政法规、军事法律和军事规章、地方性法规、自治法规、行政规章、特别行政区基本法及特别行政区法律、经济特区法规和规章、国际条约。法律手段的特性包括规范性、国家意志性、国家强制性、普遍性、利导性。

（四）思想教育手段

1. 思想教育手段的基本内涵

思想教育手段，作为独具中国特色的行政管理方式，通过传授、宣传、启发、诱导等手段，致力于提升个体的思想素质、智力素质和专业技术能力，从而充分激发人们的积极性和创造力，实现管理目标。在公共行政活动中，常用的教育方法包括宣传法、激励法、批评法、参与管理法等，其本质在于引导人们认识和掌握真理，激发内在的主动性和创新精神。

教育方法的核心在于教育者对被教育者的作用，通过提升人们的思想认识来实现其效果。其特点表现在启发性、间接性、经济性、艺术性和长期性上，内容涵盖灌输教育、疏导教育、感化教育、养成教育、对比教育等多种形式。

从这个角度看，思想教育属于心理行为方法的一种。心理行为方法侧重于通过心理诱导和行为激励来实现管理目标。在思想教育过程中，通过有目的、系统的感化与劝导，使受教育者在心理和品质上形成教育者所期望的特质。思想政治工作在实践中呈现出对象多元性、方式协调性和宏观控制性等特点。其主要途径包括情理结合法、普遍自我教育法、个别现象法、以身作则教育法及刚柔相济法等。

2. 思想教育手段的具体方式

思想教育手段的具体方式包括批评与自我批评、民主生活会、每周的政治学习等。

三、现代公共管理的方法与技术

（一）市场化的主要工具

1. 民营化

自20世纪80年代起，民营化已成为公共管理领域的热议焦点，同时也是颇具争议的话题。民营化，简而言之，即通过增加民间机构的参与，减少对政府的依赖，以满足公众需求。这一过程标志着由政府高度介入的传统制度安排逐渐转向更为自主、灵活的制度安排。民营化的核心目标是通过引入民间力量，优化公共部门的运作效率。它实质上是对传统国家与社会、政府与市场关系的深刻变革，推动政府职能方式、权力结构和管理模式的全面转型。这一转型具体表现为：从微观管理转向宏观管理，从直接管理转向间接管理，从单一管理转向多元管理，从过程管理转向目标管理。这些转变旨在减少政府开支，提升服务质量和效率，从而更好地满足公众的需求。

民营化的局限性有两个方面。第一，民营化不是公共服务的唯一选择。首先，不是所有的服务都可以民营化。公共事务的性质，决定了它们在一定范围内还承担着满足社会公众公共福利的职能，对不同收入的社会阶层与不同地区的公众具有特殊意义，对于此类公共事务，还不能完全进行民营化改革。其次，治理的全过程是不可以民营化的。政府仍要在服务质量、价格、环境保护等方面承担起对公众应尽的职责。否则，就会失去做出集体共同决定的机制，就没有为市场制定规章条文的途径，就会失去强制执行行为规范的手段，丧失社会公平感和利他主义精神。最后，反对民营化改革的一方还对民营化成效提出疑问。第二，民营化的应用需要一定的社会政治经济条件，比如稳定的政治环境、完善的市场经济体制、强有力的政府控制和监督能力。

民营化作为一种政府工具，其优势显著：它能够激励管理者降低成本，提高服务质量；同时，民营化作为新颖的管理形式和技术，为政府提供了获取资金的新途径；更重要的是，通过减少政府的直接参与，公共管理者得以更专注于政策制定与战略规划。然而，民营化也伴随着一些明显的弊端：首先，它可能导致政府丧失对公共物品和服务提供的直接控制，影响公共政策的实施效果；其次，民营化也可能削弱政府在经济发展中的功能和角色；最后，对私人部门管理的监管与控制难度相对较大，增加了管理风险。

民营化的实质在于通过公私合作、化公为私的方式，引入市场竞争机制，从而优化资源配置，提升管理效率和服务质量，以期达到更优化的社会治理效果。

2. 合同外包

合同外包是公共管理中运用最多的一种管理手段。政府的理想角色是了解和评估公众对公共物品的需求情况；安排私营部门为公众提供公共物品和服务；检查和评估私人部门所提供的公共物品和服务；征收税收，使政府有钱购买公共物品和服务；按照合同的要求向承包商支付款项。

合同外包的有效实施需要一些具体条件：①工作任务能够清楚地界定；②存在潜在的竞争；③政府能够监测承包商的工作绩效；④承包的条件和具体要求在合同文本中明确规定并落实。

合同外包可以被理解为将民事合同的概念引入公共管理领域，其核心在于合同双方通过协商一致，将原先的单方强制行为转变为双方共同认可的合作行为。在这种模式下，政府与其他组织一样，以平等的市场主体身份参与市场活动。政府的角色转变为明确需求，并通过与承包商签订的合同来监督绩效的达到，而非依赖强制手段。合同外包被视为提高公共服务水平并同时缩减政府规模的重要策略，同时也是降低行政成本、节约财政开支的有效工具。在实际操作中，合同外包通常采用竞争性招标投标（竞标）的方式。

与此同时，合同外包也称为合同出租、竞争招标，是指政府确定某种公共服务项目的数量和质量标准，对外承包给私营企业或非营利机构，中标的承包商按照与政府签订的合同提供公共服务，政府用财政拨款购买承包商的公共产品和劳务。作为一种政策工具，合同外包可以利用竞争力量给无效率的生产者施加压力，提高生产率；能够摆脱政治因素的不当干预和影响，提高管理水平；可以通过把模糊不清的政府服务成本以承包价格的形式明确化，有助于强化管理。但是，在承包权的授予上可能存在腐败和寻租行为；可能形成对承包商的依赖，承包企业雇员罢工、怠工和企业破产会使公众利益受到损害。

3. 凭单制

凭单制是政府实施的一种政策工具，旨在向特定消费者群体提供购买特定物品或服务的优惠券。这些优惠券，即凭单，被发放给有资格的消费者，他们可以在指定的公共服务供给组织中使用这些凭单进行消费。一旦公共服务组织接受了这些凭单，政府便会以现金形式进行兑换。凭单制包含以下三个核心要素：首先，它是针对特定物品和特定消费者群体的补贴政策；其次，凭单与补助有所不同，因为它直接补贴消费者而非生产者；最后，凭单通常以代金券的形式存在，而非直接发放现金。

凭单制作为市场化工具在改造传统公共服务提供机制上意义重大。它从根本上打破了政府垄断，削弱了职业性利益集团控制，拓宽了消费者的选择权力，有效架构了公共服务领域准市场，在改造公共服务文化和推动服务市场化上表现出显著的成效。凭单制反映了公共服务提供机制的新发展，体现了一种新的治理哲学或理念。这主要表现为以下三个结合：

首先，实现了竞争与选择的结合。通过赋予消费者凭单，即资源的控制权，消费者的选择能力得到了显著增强。这种基于消费者选择的机制，自动触发了服务供给者为获取凭单而展开的激烈竞争。竞争进一步推动了消费者选择范围的扩大，实现了扩大选择与引入竞争的良性循环。

其次，凭单制有效地统一了效率与责任。它坚守顾客主权原则，让消费者掌握资源的控制权和服务选择权。这使得服务机构不得不更加关注顾客的实际需求。而消费者的"用脚投票"①则迫使供给组织设定类似企业竞争的绩效底线，实现了优胜劣汰的自然选择。这种结合顾客战略与后果战略的做法，既加强了服务组织的责任感，又提升了服务的效率。

最后，凭单制巧妙地融合了政府与市场的力量。它确保了政府在支付和监管方面的责任不动摇，同时又在具体服务输出方式上引入了市场机制，允许各种私人组织和非营利组织参与竞争。这种转变使政府从直接服务提供者转变为监督者和引导者，实现了从"划桨"到"掌舵"的角色转变。同时，公共服务提供机制也从政府垄断走向了政府与市场优势互补的新阶段。

4. 放松管制

所谓放松管制，就是在市场机制可以发挥作用的行业完全或部分取消对价格和市场进入的管制，使企业在制定价格和选择产品上有更多的自主权。

管制是一种活动过程。在这种活动过程中，政府对个人和机构提出要求或规定某些活动，并经历一种持续的行政管理过程（一般是通过特别指定的管理机构来完成这项工作）。管制是由政府做出的，它们必须为目标团体及个人所遵守、服从，不遵守或不服从将受到惩罚。大部分管制通过行政法规来进行（有时管制实际上就是一般的法律），并由政府部门或特别的机构（如美国的独立管制委员会）来管理。管制采取了不同的形式，如规章、标准、许可、禁止、法律秩序和执行程序等。政府管制遍及社会生活的许多领域，尤其是在物品和服务的价格和标准等方面。放松管制就是在市场机制可以发挥作用的行业完全或部分取消对价格和市场进入的管制。其基本的观念是，政府无效率的主要原因是对管理层进行干预控制的内部管制数量多。基本的假设是，如果公共组织能够清除戒律，它就能更加具有灵活性和效率。其具体做法包括以下方面：放松对定价权的管制，放宽或取消最低限价和最高限价；逐步减少价格管制所涵盖的产品的范围，放宽或取消进入市场的管制等。放松管制并不是不要政府干预，只是减少政府不必要的干预与控制。

---

① 所谓"用脚投票"，是指资本、人才、技术流向能够提供更加优越的公共服务的行政区域。在市场经济条件下，随着政策壁垒的消失，"用脚投票"挑选的是那些能够满足自身需求的环境，这会影响政府的绩效，尤其是经济绩效。

5. 用者付费

由于公共资源的有限性，公共产品及公共服务不可能满足所有人的需要。为此，用者付费就是一个必要的管理方式。使用者付费是公共部门根据市场原理，制定标准价格，通过向消费者（民众）贩售特定公共服务，取得收入的一种政策工具。

第一，用者付费工具的适用范围主要取决于公共部门提供服务和物品的性质。对于纯粹公共物品，由于其消费的非竞争性和供给的非排他性，其费用只能通过税收来补偿，用者付费工具并不适用。然而，当公共部门提供的是"准公共物品"时，情况则有所不同。这些物品的消费具有一定的竞争性，并且能够以较低的成本将不付费者排除在外，因此，适当采用使用者付费工具来弥补供给成本，通过市场机制进行资源配置是合理的。

第二，在确定用者付费工具的适用范围时，还需要考虑四个因素。①需求弹性：对于需求弹性较大的准公共物品，用者付费工具可以有效地促进资源的最佳配置，避免过度使用。例如在公共交通领域，较高的需求弹性意味着免费使用可能导致社会成本的大幅增加。相反，对于需求完全无弹性的公共物品，用者付费工具可能无法有效促进资源的最佳配置。②替代性：如果准公共物品的替代性较高，采用使用者付费工具可能会导致效率损失。例如当两座桥梁相隔不远且其中一座收费时，人们可能会选择不收费的桥梁。③分配合理性：对于那些不会因收费而对低收入阶层造成过重负担的准公共物品，可以采用使用者付费工具。然而，对于必须保证低收入阶层享有的物品和服务，如基础教育，应该通过政府拨款的方式来解决资金需求。④收费成本：如果公共物品或服务的收费成本相对较低，且成本占收益比例不高，同时不会给使用者带来不便，那么适合采用使用者付费工具。例如道路和桥梁的收费站就是典型的例子。

在实践中，使用者付费常常与特许经营相结合，它要求对一些公共服务采取收费的方式，目的是把价格机制引入公共服务。从理论上讲，用者付费工具有如下优点：一是能够克服免费提供公共服务所导致的对资源的不合理配置和浪费；二是避免因无偿提供公共服务导致无目的的补贴和资助，对社会公平造成损害；三是可以使价格真正起到"信号灯"的作用，即市场机制在公共服务领域得以有效应用；四是可以增加政府的财政收入，缓和政府的财政危机。实行使用者付费以后，公众显示了对公共物品和服务的真实需求，使得资源得以有效配置。在特许经营的条件下，使用者付费能够刺激私人部门以较低的价格提高公共服务水平，提高公共服务质量。从公平的角度看，由直接受益者支付比用财政支付更公平。

用者付费是指政府对某种物品、服务或行为确定"价格"，由使用者或行为者支付这种费用，其主要目的是想通过付费把价格机制引入公共服务。用者付费经常被用于控制负的外部性，特别是控制污染的领域，它也被用于城市交通控制。其主要缺点有以下四个：收费水平难以精确确定；在得到一种最优化的收费标准的过程中，资源有可能被误置；不能作为处理危机的工具；管理成本高且程序繁杂。

6. 特许经营

在公共管理中，特许经营是一种策略，其中公共部门赋予私人企业运营和管理某项公用事业的权利。这一策略通过特许协议详细规定了双方的权利与义务，以及各自需承担的风险，旨在实现公共管理的目标。特许经营的主要特点体现在以下几个方面：政府与生产者角色分离、政府管制与市场竞争有机结合、合同约束取代行政管理、投资和生产主体的多元化、合理分散投资的风险与回报。

从实质上看，特许经营制度是托管制的一种深化和扩展。它允许非公共部门在公共部门的授权下，运营和管理特定的公用事业。通过特许协议，双方明确了各自的权责，确保了在合同期限内，非公共部门能够高效、稳定地提供公共服务，并从中获得相应的收益，同时承担经营风险和维护性投资的责任。

20世纪70年代以来，随着新公共管理运动的兴起，特许经营在公共部门管理中得到广泛应用，尤其是应用于高速公路、铁路、供电、通信、有线电视、城市供暖、垃圾和污水处理、停车场等设施的建设和经营项目。实践中，特许经营有以下基本方法：

第一，TOT（Transfer-Operate-Transfer）方式。政府将其投资形成的公共服务资产的经营权，以特许经营的方式，在一定期限内出让给非公共部门，由其进行经营管理并获得收益，期满后，非公共部门将功能完好的公共服务资产"归还"给政府部门。这实际上是政府以财产的运营收益换取非公共部门的经营服务。

第二，BOT（Build-Operate-Transfer）方式。其与 TOT 的区别在于，它是由非公共部门负责公共服务项目的投资建设，然后在特许经营期限内，从事运营、管理和维护，获得相应收益，足以补偿全部投资和应得利润。合同到期后，将非公共部门投资形成的公共服务资产无偿交给政府。

第三，BOO（Build-Operate-Own）方式。其与 BOT 的区别，主要是合同期满后，其将继续占有和保留所投资财产。

特许经营是通过特许协议明确双方的权利和义务，并各自承担相应的风险，从而达到公共管理目的的一种工具。特许经营在公共管理中的主要模式可以分为三种。①全部风险特许经营：此模式下，民营企业承担公用事业项目的全部风险。它们负责项目的投资、建设、经营和管理，独立运作，自负盈亏，并独自承担经营风险。公共部门不参与投资，也不承担经营风险。在我国，BOT（建设-经营-转让）模式就是这一类型的典型代表，它允许私营企业全面开放和经营管理某一公用事业相关市场，同时承担所有经营风险。②共担风险特许经营：该模式强调民营组织和公共部门共同承担风险。公共部门与民营企业共同投入项目，共同分担风险。具体来说，民营企业通常负责分担项目建设和经营过程中的技术风险及自身投资的部分风险，而公共部门则承担其投入部分（包括原有投资）的经营风险。这种模式在实际应用中表现为租赁经营、承包经营和合作经营等多种形式。③有限风险特许经营：在此模式下，公共部门直接承担公用事业项目的经营风险。当市场因某些原因（如投资的长期性或价格的公益性）而无法有效提供公用事业项目时，公共部门需要承担责任。由于某些公共设施可能难以从用户那里获得足够的营业收入，承租企业可能需要从财政预算中支取成本和报酬。此时，承租企业仅承担有限的风险，而主要的经营风险则由公共部门承担。这种模式适用于那些客源不明确、不依赖用户支付能力的公共设施的投资和经营。

（二）工商管理技术

1. 目标管理

目标管理是以目标为导向、以人为中心、以成果为标准而使组织和个人取得最佳业绩的现代管理方法。目标管理一般包括制定目标实施目标和成果评价等基本程序，其间又穿插着计划、组织、指挥、协调、激励、监督、控制等活动。目标管理主要有三大特征：①面向成果的管理，即用目标来统一员工的意志和工作，让每个部门、每个员工都将注意力转向组织目标并为此做出自己的贡献；②分权与自我控制的管理；③参与式管理，即要求上级部门充分发挥下级的能动作用，使其参与到管理决策中来。

目标管理在政府管理中扮演着至关重要的角色。它涉及预先设定政府工作目标，并以此为导向，激励和引导政府部门及其公务人员的管理行为，同时实施有效的控制机制，确保政府工作目标的最终实现。目标管理不仅将发展和改革的总体目标转化为具体的政府工作目标，还强调协调发展，确保政府工作重点的突出。作为一种政策工具，目标管理在公共部门中的应用要求遵循统一性和效能性的原则。它引入竞争机制，以激发公共管理活动的活力，确保公共管理系统工作责任制的落实。通过这种方式，目标管理有助于公共部门转变工作作风，克服官僚主义，提高工作效率。在目标管理的推动下，政府各部门、各单位的思想和行动得以统一，围绕预定的目标展开工作。这种导向和协同作用加强了政府工作的横向联系，减少了内部摩擦和消耗，从而实现了更好的整体功能和管理绩效。

2. 标杆管理

标杆管理就是一种从自身与最佳实践的对比和分析的过程中，找出二者的差距，并采取相应的对策消除之，以实现绩效的持续改进的管理工具。由此，不难看出，标杆管理定义的关键是比较（Comparing）、学习（Learning）、提高（Improving）。标杆管理在公共部门实施中的困难主要体现为多元目标的冲突及中心目标的模糊、公共部门管理绩效的难以测定、标杆变化的弹性难以确定、公共部门预算周期的限制、缺乏熟练掌握标杆管理的专门人才、公共部门的组织文化问题。

政府部门实施标杆瞄准的流程一般包括以下几点。

①整体规划与标杆项目的选定。这个阶段应该进行下列活动：组织确定为什么进行标杆瞄准；争取得到组织高层的支持；开发测评方案；制订数据收集计划；与专家研究制订标杆计划；为标杆瞄准项目赋值。

②内部数据的收集与分析。这个阶段应该进行下列活动：收集并分析内部公

开发布的信息；挑选潜在的内部合作伙伴；收集内部尚未公开的研究资料；进行内部访谈并调查；组织内部标杆瞄准委员会；组织对内部合作伙伴进行考察。

③外部数据的收集与分析。这个阶段应该进行下列活动：收集外部公开发布的信息；收集尚未发表的研究资料。

④标杆项目的绩效改进。这个阶段应该进行下列活动：确认正确的纠正性行动方案；制订实施计划；获得高层领导的批准；实施方案并评价其影响。

⑤持续改进。这个阶段应该进行下列活动：维护标杆瞄准数据库；实施持续的绩效改进计划。

3. 流程再造

公共部门的流程再造蕴含了"新公共管理"的精神内核，即打破传统的行政管理模式，构建一个以顾客为中心、服务公众的公共组织体系。它重新定义了政府的角色，更新了管理方式，以适应不断变化的社会环境。在这一过程中，信息技术是基础，政府目标为导向，通过改革原有的工作流程和组织结构，重新构建整个公共服务体系。公共部门将顾客满意度视为最高使命，摒弃传统的行政运作程序和层级制结构，致力于打造一个持续运作、高效便捷、充满人性关怀的"无缝隙政府"，从而全面提升组织的绩效、服务质量和自我更新能力。

公共部门流程再造的原则有三：第一，顾客至上原则，意味着以公众为出发点，流程的再造必须围绕以公众为服务中心而组织，而不是以职能为中心；第二，以流程为中心的原则，强调整体流程最优的系统思想；第三，节约成本和提高效能的原则，呼唤创新的、有活力的、以公众需求为导向的、高效率和高效能的政府，实质上就是以结果导向作为行政效能的内涵。

公共部门流程再造的运作过程包括战略决策的勾勒、启动再造、审视现有流程、重新设计、推广流程再造、评估反馈并持续改善等各个环节。

4. 战略管理

公共部门战略管理的常规方法主要有以下两点。

第一，SWOT分析法，又称态势分析法，最早应用于企业管理领域，是一种能够较客观而准确地分析和研究企业现实情况的方法。SWOT分析通过对优势、劣势、机会和威胁的综合评估与分析得出结论，然后再调整组织资源及策略，最终实现组织目标。

第二，组建 SMG（战略管理小组）。战略管理过程，不能靠领导者一个人来完成，一般来说，必须建立战略管理小组来加以整体协作。SMG 由代表组织内、外部利益的不同个体所构成，它不但是组织创造变革理念的源泉，也是组织创造关于如何进行变革的理念的主要源泉，战略管理过程依赖于 SMG 得到这些理念。战略管理小组既要营造创新，又要促进各利益相关者达成共识。参与过程也是相互协调、促进发展以克服阻力的过程。参与过程使得参与者及其所代表的利益群体能够更好地接受这一过程带来的结果，为以后的共同行动打下基础。这一点对于利益相关者众多的公共部门尤其重要。

公共部门的战略管理是一个精心策划的过程，旨在通过合理的资源分配和明确的工作分工来实现组织的长期目标。作为一种高效的政策工具，战略管理为公共部门提供了一种全面且综合的视角，有助于组织从单纯关注即时的工作任务，转向聚焦于整体目标、产出及社会影响。它强化了对组织资源和目标的控制。然而，战略管理并非一蹴而就，它需要领导者和管理者投入大量的时间和精力进行资源的深入分析和评估。同时，战略管理不仅仅是明确组织应该做什么，它同样需要清晰地界定哪些领域或行动不是组织的重点或不应涉足，这可能会触及某些反对派和利益团体的敏感神经，从而面临一些困境和挑战。

（三）社会化手段

1. 社区治理

社区治理是社会化管理的基本手段。社区治理是治理理论在社区领域的实际运用，是指政府、社区组织、居民及辖区单位、营利组织、非政府组织等基于市场原则、公共利益和社区认同，协调合作，有效供给社区公共物品，满足社区需求，优化社区秩序的过程与机制。社区治理强调治理主体的多元化及互动、治理过程复杂化和长期化及治理内容多样化。社区治理的功能有以下方面：有助于社区经济的发展；实现社区文化的繁荣；促进社区环境的美化；有助于社区治安状况的改善。

社区治理指开发和利用社区文化资源、人力资源，在社区内通过建立各种敬老院、福利院、康复中心、医疗站、托儿所、幼儿园等设施，对老年人、儿童和残障人士等实行社区照顾；调动社区居民不定期地参加保护社区环境的清洁卫生工作，美化居住环境；加强社区治安管理等。社区治理的优点在于：不花或者很少花政府的钱；能调动公民积极参与，并受到广泛的支持和欢迎。

2. 志愿者组织

作为一种政策工具，志愿者组织的活动不受国家强制力和经济利益分配的约束。志愿者组织可以提供某些社会服务，例如慈善机构为贫困人口提供医疗保健、教育和食品，志愿者团体提供诸如海滩和公园的公益服务等。

志愿服务的最大优点是创新，即创造性地迅速确认并满足需求的能力。由志愿者提供社会服务还可以减少对政府行动的需要或减轻政府的负担。但是，其应用范围有限，大量的经济与社会问题不能通过这种手段来处理；志愿者组织容易蜕化变成准官僚机构，从而降低它的效能和效益。

3. 公众参与

伴随着日益增长的民主化浪潮，公共管理中的公众参与越来越成为一种重要的手段。

在公共政策制定的每一个环节，公众的政治参与不仅是国家政治民主化和现代化程度的直观体现，更是政策合法性的基石。广泛吸纳公众意见，鼓励公众充分表达他们对公共政策的看法和期望，能够极大地促进政策制定者与公众的互动与理解。这种互动不仅有助于提升公共政策的民意基础，还能有效拓展民主的深度与广度。

公众参与是确保政策真正反映民意、实现政策合法化的关键所在，其重要性不言而喻。因此，通过引入"公民参与的有效决策模型"，并根据实际情况灵活选择适宜的公众参与形式，我们能够为公共政策的制定提供坚实的民意支撑和科学的决策依据。这一做法对于推动我国公共决策向科学化、民主化和法制化方向发展具有重要意义。

在现代社会，公众参与的形式多种多样，包括但不限于直接选举、全民公决及公共决策听证会等。其中，公共决策中的听证制度尤为值得一提。这一制度为各方利益主体提供了平等参与公共决策的平台，确保了决策的民主化、公开化、科学化和公正性，是现代民主社会中不可或缺的一项重要制度安排。

4. 听证会

行政听证制度是指行政主体在制定法规、规章或其他规范性文件，或是做出直接影响利害关系人权利义务的决定前，就有关事实问题和一些法律问题听取利害关系人意见的一种程序性法律制度。

听证制度的起源可追溯至英美普通法中的自然正义观念，其核心在于确保听取各方面的意见。最初，它仅作为司法审判活动的必要程序，被称为"司法听证"，用于司法权的行使。然而，随着司法听证的广泛应用与不断发展，其理念逐渐扩展至行政领域，从而形成了"行政听证制度"。在行政听证制度下，政府在制定行政决策时，不仅倾听专家学者的专业见解，更重视与该政策有直接利害关系的当事人的意见。这一制度将行政决策过程转变为一个集思广益、基于科学根据、并受制度保障的过程。

在全球视野下，随着现代行政权力的不断扩张，行政听证制度旨在增强公民个人权利对公权力的制约能力，有效防止行政权力的滥用。此外，它以公众直接参与的方式，弥补了立法代表制度和行政机关首长负责制在反映民意方面的不足，进一步拓宽了民主的广度，推动了民主向更深层次发展。这不仅是人民当家作主地位的体现，更是人民主权的直接展现。因此，行政听证制度的出发点应是"以权力制约权力"，其适用范围应覆盖行政权力的各个领域（除特定免除事项外），最大限度地实现其追求的价值目标，并体现其丰富的民主内涵。

一般来说，听证会的形式有四种：一是正式听证和非正式听证；二是事前听证、事后听证和结合听证；三是辨明性听证和审讯性听证；四是自行听证与委托听证。听证会应当奉行公开、公正、参与的原则。

（四）公共管理方法的发展趋势

随着 21 世纪知识经济、智慧城市的到来，为了应对日益复杂和不断变化的外部环境，各国政府都在不同程度地开展公共管理的创新运动，公共管理方法的创新就是其中的一个重要组成部分。从全球范围来看，公共管理方法的运用出现了一些新的趋势。

1. 方法运用日益综合化

"公共管理的根本目标是有效地增进与公平地分配社会公共利益。为了实现这一根本目标，需要有不同阶段的具体目标的实现予以保证。公共管理的具体目标是多元的，如公共管理要维持良好的社会秩序和政府稳定，要促进社会经济的发展，要提高社会公众生活的质量，要促进民主参与的发展，提升公民对政府的信任；同时，公共管理也要回应全球化提出的挑战、提高国家在国际上的竞争力，如此多元的目标仅靠一到两种公共管理方法是难以实现的。不仅如此，当代社会所面临的公共问题的复杂性，使得任何单一的公共管理方法都不能完全解决某一公共问题，这就对公共管理方法的运用提出了新的要求。公共组织必须根据要实现的目标的层次性和重要程度，针对公共问题的特点，综合运用各种公共管理方法，系统地解决公共问题。"①

2. 规范管理和权变管理相结合

公共管理规范化是公共事务日趋复杂，以及社会公众对公共管理的期望不断提高的表现。规范管理可以减少公共管理工作中的随意性，保证组织系统协调有序地运转，降低公共管理系统运行成本，为组织创造一种相对稳定的内部环境。规范管理与权变管理的融合体现在多个层面。首先，是权力运作方向的明确与规范。政府正逐步减少对微观经济生活的直接行政干预，转而依赖法律和经济手段来实施公共管理，从而规范政府的公共管理职能和行为。这确保了政府行为的透明度和公正性。其次，权力制约机制的规范化。在科学界定政府职能和权限的基础上，对于必须保留的权力，我们加强了对其的监督与制约，确保权力不被滥用，维护了公共利益。最后，权力运行程序的规范化也得到了加强。在公共管理改革的过程中，我们致力于提高权力运作的透明度和可预测性，通过建立和完善听证制度、信息查询制度和咨询制度等方式，确保公众对权力运作的知情权和参与权。规范管理对于确保公共管理主体的稳定运作和强化协调机制具有关键作用。然而在科技飞速进步、社会全面发展和人们观念日新月异的新时代背景下，公共管理面临的挑战日益严峻和复杂。因此，公共管理者必须具备创新精神，及

---

① 赵京国. 公共管理理论与实践探索 [M]. 长春：吉林人民出版社，2021：73-74.

时应对新情况、新问题，确保创新成为公共管理的核心驱动力，贯穿其整个过程。因此，在重视规范管理的同时，有必要运用权变方法对公共组织进行管理，即对公共组织及其环境的特点进行诊断，根据组织及环境的特点来确定公共组织的目标，并调整组织结构，协调组织活动，使组织能适应环境的变化而存在和发展。权变管理是在规范管理基础上的发展，为更高层次的规范管理提供依托和框架，而规范管理则是权变管理的逻辑延续，有助于维持和巩固权变管理的成果。

3. 技术化程度不断提高

当代公共管理所要处理的公共事务数量繁多，所面临的社会公共问题比历史上任何时代都更为复杂、更具有变化性，并且公共问题彼此之间相互联系、相互影响，形成了一个类似网络的结构，这对公共组织及其成员而言既是压力，也是推动公共管理方法技术化的巨大动力。此外，公共组织本身也随着社会的发展、公共事务的日益扩张而日渐庞大，单是公共组织自身的管理就要求采用先进技术以提高效率。面对这样复杂的内外环境，技术化就成为公共管理方法发展的一个必然趋势。公共管理方法的技术化，使公共管理条理化、有序化，提高了公共组织运作的效率，也提高了公共管理的绩效。

第四章　公共部门人力资源管理与转型思考

第一节　公共部门人力资源管理的概述

一、人力资源与人力资源管理

人力资源主要是指那些能够创造社会价值的劳动人口所具备的劳动能力。首先，作为一种宝贵资源，它的核心价值体现在其创造力和创新能力上。人类作为世界上唯一能够理解和改变世界的生物，其资源的开发利用显得尤为重要。其次，人力资源具备可配置性，即可以通过不同的方式和方法进行配置。历史上，主要的配置方式包括计划配置和市场配置。而经过时间的检验，市场配置已被证明是更为合理和有效的手段。最后，值得注意的是，人力资源具有时效性。每个人的生命都是有限的，因此，如何在其生命的最佳阶段（通常是劳动阶段）最大限度地发挥其能力，为社会作出贡献，成为人力资源开发和管理中的核心考量。

正因为如此，人力资源管理凸显了它的重要性。正如埃文·伯曼所说的："人力资源管理具有巨大的推动力，促使形成人们可以实现自我的条件。它的日常工作就是一个领域，管理者要对该领域负责并且能对该领域产生真正的影响。人力资源管理不是可有可无的。事实上，管理者最重要的工作就是帮助组织运用其最有价值的资本——人——产生生产力。从决定如何招聘各种职业的员工到如何决定薪酬、培训及考评，人力资源管理对各种职业的员工都有重大的甚至是无限的影响。立法官员和首席执行官也许拥有设计新项目和批准预算的权力，但却是管理者在实施对下属的雇用、配置、支付薪酬、开发及考评。他们要花更多的时间在人的管理上。没有什么比这更重要的了，也没有什么比这更难了。"①

这一重要的管理通常由以下几种活动构成：获取、保持和发展组织为完成其目标所需要的人力资源；建立一种促进发展个性、团结向上的组织文化；运用管理技能和方法使组织内的成员人尽其才；确保组织履行对组织成员应当承担的社会和法律责任。人力资源管理的过程，简单来说，就是如何使人产生生产力的过程，如何使人在产生生产力的过程中获得自我满足和自我发展的过程。在这里，管理的体制机制和管理的理念及方法起着重要的作用。

在当今社会，人力资源管理深深植根于市场机制之中，这主要得益于其能实现人力资源的高效配置。劳动力市场的运作主要通过三个核心机制展现。首先，价格机制作为连接用人单位和求职者的桥梁，发挥着关键作用。在劳动力市场中，每个人都具有一个市场价格，这使得人成为一种特殊的"商品"。这个价格的高低取决于多种因素，只有当双方在价格上达成共识时，雇佣关系才能得以建立，市场也才能正常运作。其次，供需机制是劳动力市场上最具宏观性的调节器。它通过调整供应方和需求方之间的平衡与失衡来优化两者之间的关系。例如当劳动力供大于求时，价格往往会下降；反之，则上升。这种价格变化为市场传递了重要信号，人们可以根据这些信号调整自己的职业选择（尽管这些信号可能存在一定的滞后性）。最后，竞争机制在劳动力市场上也扮演着不可或缺的角色。在求职者中，竞争表现为那些具备更高素质和能力的人往往能够获得更好的工作机会；而在用人单位中，竞争则体现在谁能提供更具吸引力的条件，谁就能吸引到最优秀的人才。这种竞争不仅推动了个人和组织的成长，也促进了整个社会的进步。然而，市场并非万能，也会出现失灵的情况。例如市场可能无法充分重视某些对国家或社会至关重要的职业或领域。在这种情况下，政府通常会介入，通过政策等手段来纠正市场失灵。但这并不意味着政府在人力资源配置中应起主导作用，因为政府干预同样存在局限性，更何况市场机制已经被证明是一种更优的配置手段。

管理的理念表现在对人的价值的尊重，以及最大限度地发挥人的才干上。人

---

① ［美］伯曼. 公共部门人力资源管理［M］. 萧鸣政等译. 北京：中国人民大学出版社，2008：2.

是一种资源，也是一种负担。如果把人看成一种负担，那么在管理中就会力图压低工资福利标准及各种生活质量和工作环境的标准，以一种榨取的方式来获得对人的剥夺，从而完成自身的利益最大化。而如果把人看作一种资源，那么在管理中就会对这一资源尽量利用，使这一资源产生最大的生产力，并使人在这一过程中获得自身的满足和发展。

管理的方法和策略虽多，但它们均基于一个核心的理念，这一理念源于"双重市场"理论。该理论将劳动力市场划分为两个主要部分：第一劳动力市场和第二劳动力市场。第一劳动力市场主要涵盖了寻求管理、技术和专业职位的求职者，而第二劳动力市场则主要包括技术水平相对较低、从事劳动和服务等职位的求职者。这两个市场之间似乎存在一道透明的障碍，它限制了第二劳动力市场中的职业晋升机会。这种市场分割的现象也解释了为何在现实中，失业和就业不足会同时存在，即存在找工作的人找不到合适的工作，同时也有工作找不到合适的人选的情况。这主要是因为第二劳动力市场的人才难以跨越那道"玻璃天花板"，进入第一劳动力市场。从管理的视角看，这种市场分割实际上是对人力资源的一种分类：关键的少数和一般的多数。前者由于拥有资本（如技术、管理能力和专业知识等）而备受青睐，被称为"资本雇员"；而后者因缺乏这些资本，则被称为"成本雇员"。基于这种分类，管理策略也相应地分为两大方向：资本扩张战略和成本控制战略。对于"资本雇员"，组织通常提供优厚的待遇，以吸引并留住他们，同时激发他们的技术和能力，使其得到最大限度的发挥；而对于"成本雇员"，尽管他们在数量上可能占据多数，但鉴于他们对组织的价值相对较低（尽管在人格上并无差别），管理策略则更侧重于成本控制。

二、战略性人力资源管理

战略性人力资源管理是 20 世纪 80 年代后首先在西方产生的一个概念。对战略性人力资源管理有不同的定义。或认为，战略性人力资源管理就是一线管理者与员工一起分享任务和过程，以处理以人为基础的各种事务。战略性强调组织对不同的竞争者采取不同的行动。或认为，战略性人力资源管理是制定和执行产生组织所需员工行为和能力的人力资源政策和实践，以取得组织的战略目标。还有认为，战略性人力资源管理是一个将人力资源功能与组织战略目标结合起来以产生绩效的过程。

尽管定义的角度不同，但可以看到一些共同的因素，比如组织战略、分享、竞争。简单来说，战略性人力资源管理就是围绕组织的战略目标而进行的人力资源管理，人力资源管理因而成为组织战略的一部分。这一转变，首先源自对企业竞争力的重新认识，即企业的竞争能力主要来自内部的资源，而在这些资源中，人力资源是核心的竞争能力，人力资本是企业的核心资本。尤其到了知识经济时代，人力资本的价值空前凸显，而人力资源管理也日益显示了它的重要性。

战略性人力资源管理相较于传统的人事管理，存在显著的差异。首先，在管理理念上，战略性人力资源管理强调人的价值，将员工视为创造财富的重要资源，致力于挖掘和发挥每个人的潜力与优势。而传统的人事管理则更多地将员工视为成本，侧重于节省成本，如降低员工薪资和福利待遇。其次，在地位方面，战略性人力资源管理在组织管理中占据核心地位，成为组织战略不可或缺的组成部分。而传统的人事管理往往处于边缘位置，其影响力和作用相对有限。再次，运作方式上，战略性人力资源管理注重整合和协作，将人事部门与其他部门紧密结合，共同参与管理过程，以提高管理质量和效率。而传统的人事管理则更多地局限于单一的人事功能，与其他部门割裂。例如在招聘过程中，战略性人力资源管理鼓励用人部门的参与，确保招聘到的人才更符合部门需求。而传统的人事管理则往往由人事部门独立完成招聘流程，导致招聘结果与部门需求存在偏差。最后，战略性人力资源管理注重构建人力资源的比较优势，通过培养稀缺性、不可模仿性和不可替代性的人才，使组织在竞争中保持领先地位。这是因为在当今时代，组织之间的竞争实质上是人才的竞争，只有拥有优秀的人才，才能在市场中立于不败之地。

战略性人力资源管理的核心职能包括人力资源配置、人力资源开发、人力资源评价和人力资源激励，但与传统的人事管理相比，战略性人力资源管理有四个不同的特点。首先，人力资源的配置更注重规划，更注重与组织战略实现的契合，而不仅仅局限于部门的个别需要。配置更具有前瞻性，而不是仅仅满足于眼前的需要。此外，这一配置注重人力资源的存量和增量的关系，不仅注重增量的重要性，而且也注重发挥存量的作用。其次，人力资源的开发更注重发挥人的个性，更注重人的全面发展。这一开发不仅注重发挥人的技能和能力，而且也注重人的道德的培养和人性的修炼。此外，这一开发也注重培养人的团队意识、合作精神和献身精神。再次，人力资源的评价更注重对一个人的全面评价，不仅注重对一个人绩效的评价，而且也注重将一个人的表现与组织的目标连接起来，从而提升其工作的意义。此外，这一评价更注重上下级的互动，更注重评价过程中的沟通。这一评价着眼于员工效率的提升而不是仅仅拘泥于给一个评价结果。更重要的是，这一评价的出发点在于培养员工的职业荣誉感和使命感，以自觉的献身精神去完成组织的任务。最后，人力资源的激励不仅注意物质的激励，更重要的是进行精神的激励，更关注员工精神层面的需求。激励更注意公平的薪酬福利体系，注意公开性和程序的公正性，更注意避免对一些人的激励导致对另一些人的打击，同时也注意激励的适度性，避免过高或过低的奖励和惩罚。

相较于传统的人事管理，战略性人力资源管理对多个关键领域赋予了更高的重视。首先，在领导者的选拔和任用方面，战略性人力资源管理强调领导力的核心作用。它注重通过严格而系统的程序选拔符合职位要求、具备卓越领导才能的候选人，并致力于对他们的培养与发展。战略性人力资源管理认识到，一个出色的领导者对组织的长远发展具有决定性的影响，因此致力于确保领导职位上的人才是最合适的。其次，战略性人力资源管理在人才的获取和保持上投入更多精力。人才被视为组织最宝贵的资源，其稀缺性和对组织命运的决定性影响使得人才的获取成为一项竞争激烈的任务。战略性人力资源管理通过提供具有竞争力的工作环境、薪酬待遇及发挥人才能力的条件来吸引和留住人才。同时，它注重基于能力和成就的选拔机制，打破传统的论资排辈模式，确保组织内人才队伍的活力和竞争力。再次，战略性人力资源管理着重于提升员工绩效。绩效是组织目标实现的关键，因此战略性人力资源管理在绩效管理上更加关注员工的参与和绩效目标的合理性。它致力于将员工的个人绩效与组织的长远目标结合起来，通过激发员工的潜力和能力，促进组织整体绩效的提升。同时，战略性人力资源管理注重基于绩效评估的激励制度，通过合理的奖励和惩罚机制，形成积极向上的组织氛围。最后，战略规划是战略性人力资源管理的核心之一。它强调规划的前瞻性和战略性，将人力资源管理与组织战略紧密结合起来。战略性人力资源管理不仅关注当前的人事管理事项，更致力于预测未来趋势、制定长期目标，并为实现这些目标制定相应的人力资源策略。通过战略规划，战略性人力资源管理确保当前的管理活动与组织的未来发展保持高度一致。

这样一来，战略性人力资源管理就被赋予了多重角色，除了人事职能管理者的角色外，它也具备了整合者的角色，即将人事部门与其他部门整合，将人事管理战略与组织战略和目标整合。此外，它还具备了变革推动者的角色，因为在达到组织未来目标的过程中，需要不断地进行人事管理理念、制度、过程和方法的变革。

三、公共部门的人力资源管理

公共部门与私人部门（主要指企业）的主要区别在于其服务对象和利益追求的不同。公共部门旨在解决社会公共问题，如社会福利、公共安全等，并追求公共利益的最大化；而私人部门则专注于解决个体或特定群体的私人问题，其目标是追求私人利益的增加。为了应对和解决公共问题，公共权力应运而生，政府成为其主要的执行者。然而，公共问题的解决并非完全依赖政府，因此诸多以解决社会问题为宗旨的公共性组织或公共部门也应运而生，这些包括公立的教育、医疗机构及非营利性的社会组织，如环保组织和慈善机构等。从组织性质上划分，公共部门可以分为政府公共部门和非政府公共部门。政府公共部门作为权威机构，掌握公共权力；而非政府公共部门，如事业单位、国有企业等，则通常致力于为社会公共利益提供服务。尽管公共部门与私人部门在服务对象和利益追求上存在显著区别，但在人力资源管理方面，两者却有许多共同之处。两者都遵循着相似的管理流程，包括人员招聘、绩效考核、培训发展、薪酬管理、激励机制及退休规划等。同时，它们也都秉持着"人尽其才"的用人理念，并借助相同或相似的理论方法，如激励理论和绩效评估方法。但是，公共部门的人力资源管理在以下五个方面显示了它的不同。

第一，管辖的法律不一样。政府公务员由《中华人民共和国公务员法》管理，而事业单位的工作人员则由《事业单位人事管理条例》管理。《中华人民共和国劳动法》的一些相关条文并不适用于公务员的管理。比如有关节假日加班的工资待遇对公务员并不适用。

第二，公共部门的管理整齐划一，有共同的标准和规范。比如《中华人民共和国公务员法》适用于全国的公务员，《事业单位人事管理条例》适用于全国事业单位的人员。各个部门可以根据法律和条例的框架做一些补充，比如在考核指标"德、能、勤、绩、廉"的具体指标中可以看到一些不同的设计，事业单位在这方面的余地相对更大一点。相较之下，私人部门的管理则因单位和部门而异，它通常针对的是本单位和本部门的情况，而且变动性较大。

第三，公共部门的用人并不完全遵循市场的原则。以国有企业为例，一般的管理层和员工都采用市场的方式进行管理，比如这些人都从市场上招聘，拿市场的工资，退休享受企业待遇。而国有企业或一些事业单位的领导人则属公务员行列，按公务员管理，如央企的领导人由中共中央组织部任命，可以在政府和企业之间调动，比如从一个央企的领导人成为一个省或城市的领导人，部级大学的主要领导人享受政府部长级的待遇，等等。相比较之下，私人部门今天的用人都采用了市场的做法。

第四，党在公共部门的人事管理中发挥着实质性的作用，这是中国公共部门人事管理的一大特色。比如就公务员而言，当处级官员向局级晋升时，党组织在这里就发挥了关键的作用。党的组织对公务员管理的各个方面的影响是巨大的。相比较之下，在私人部门，党的作用和影响力就比较低。

第五，公共部门在人的管理中更强调对员工的精神激励，强调员工的献身精神，因为这符合公共组织的宗旨，符合公共组织的公共性特征。而私人部门对人员的激励一般来说更多采用的是物质激励，以此来激发员工的积极性和提高他们的绩效。

进入 20 世纪 80 年代后，西方国家公共部门人力资源管理经历了显著的变革。这些变革的核心在于公共部门与私人部门人力资源管理模式的融合，以及市场机制在公共部门人事管理中的广泛应用。第一，公共部门和私人部门在人力资源管理上的界限日益模糊。在新西兰和瑞典等国家，人事立法已经不再区分公共和私人部门，双方员工享有同等的雇佣条件。这标志着公共部门在劳动关系、雇佣地位和职业保障等方面开始与私人部门接轨。第二，传统的终身合同制度正面临严峻挑战。在加拿大、美国等国家，固定期限的合同逐渐取代终身合同，高级职位尤其如此。新西兰便是其中的代表，其高层管理者普遍采用限期固定的雇佣合同，高级管理者的合同则更为灵活。第三，为了优化成本效益，西方国家开始缩小公共部门规模，减少公共服务职位。德国每年都在逐步减少公共服务职位，而其他国家则通过私有化或改变公共机构性质来精简人员。在精简过程中，自然减员、自愿离职、重新安置、提早退休和物质激励等多种方法被广泛应用。第四，在雇佣制和职业制之间，西方国家更多地倾向于雇佣制。尽管传统的文官制度包含雇佣制和职业制两大类别，但当前西方国家更倾向于雇佣制的灵活性。这种变化使公共部门的人事管理更具市场色彩，减少了公务员的职业保障。第五，西方国家开始从企业中引入绩效评估制度，实施结果导向的管理，将工资与绩效或结果挂钩。例如瑞士和英国采用灵活的薪酬制度奖励优秀员工；美国一些州政府以绩效为依据分配工资；日本也改变了过去注重资历的做法，将晋升和薪酬与能力和表现挂钩。

我国公共部门人力资源管理发生的一个变化，也是市场机制的介入。其原因在于，随着全球经济一体化，随着中国经济的进一步发展，政府能力问题日益凸显。这一能力是全方位的，不仅包括发展经济的能力，也包括治理社会的能力。原有的人力资源管理模式（主要是官僚制模式）已经不足以使公务员在新形势下产生必要的活力，比如激励制度的缺乏导致工作不力或不作为，铁饭碗使人不思进取，缺乏竞争机制使人自甘平庸，等等。因此必须引入市场机制，因为市场机制讲求竞争、优胜劣汰，能者居位；市场机制讲求绩效取向，以绩效和成就作为评判人的唯一标准；市场机制讲求成本-效益；市场机制讲求人力资源最大限度的利用而不是资源的浪费；等等。因此，在公共部门人力资源的管理中采用市场机制是一个合乎逻辑的选择。

这一变化表现在以下三个方面。

首先，中国政府引入了政府雇员制度和事业单位人事聘任制，打破了传统的公务员和事业单位工作人员的终身制模式。这一变革使得公务员和事业单位员工面临一种全新的挑战和机遇，因为雇员制或聘任制的特点在于引入了竞争机制和危机感，从而激发了员工追求良好表现的积极性。

其次，绩效评估制度的引入为公共部门的人力资源管理带来了重要的变革。在过去，公务员的评价体系存在不完整、不清晰的问题，导致评价过程主观性过强，领导评价往往成为决定性因素，造成评价的不公正。为了改进这一状况，中国公共部门积极借鉴西方新公共管理理念，引入企业的绩效管理方法，使得公共部门的绩效评估逐渐精细化，并在人力资源管理中发挥着越来越重要的作用。如今，中国的公共部门已经极大地改进了人力资源管理的绩效评估制度，将评估结果与员工的待遇、晋升等紧密挂钩。

最后，公共部门人力资源管理的市场化运作进展更大，这主要表现在一些事业单位按市场价格付酬上。"对于进不了编制的体制外员工支付低于编制内员工的价格，而对于一些高端的人才则支付高于国家标准的市场价格，在实际的人事管理中形成了员工报酬的双轨制。这一做法的结果是加强了竞争，谁有能力谁就可以进入某一职位，而进入这一职位就可以拿到更好的待遇，这促使员工更加努力表现自己，也促成了组织竞争力的提升，当然运作不当也会带来公平问题。"①

从未来的发展趋势来看，市场机制在公共部门人力资源管理中的影响将会持续增强。这主要基于以下四个原因：首先，公共部门的财政资源始终是有限的，这就要求在人力资源的分配和使用上必须精打细算，成本效益原则成为核心考量，因此，政府无法容忍冗员现象，必须追求人力资源的高效利用；其次，公共部门在劳动力市场上与其他组织一样，需要寻找并吸引优秀的人才，这使得公共部门不得不与私人部门等其他组织展开竞争，而为了赢得这场竞争，公共部门必须采用市场原则，遵循市场规律，提供具有竞争力的薪酬和待遇，以吸引和留住人才；再次，政府市场化运作模式的不断推广和深化，正逐步打破原有的管理框架，进一步放大了市场机制的作用，例如外包服务的普及使得政府运作方式更加网络化，这要求人力资源得到最大限度的利用，尤其需要引入政府内部可能缺乏的专业人才，在这种背景下，从成本效益的角度出发，如何合理调配和利用这些资源，成了一个亟待解决的问题；最后，对于中国而言，市场化机制的深入应用

---

① 竺乾威，朱春奎，李瑞昌. 公共管理导论［M］. 北京：中国人民大学出版社，2019：148.

将推动公共部门人力资源管理向职业化方向发展，逐步消除一些公共部门的特权，实现公私部门在职业机会上的平等。然而，这也带来了一个潜在的问题：随着经济的发展，公共部门在竞争和保留优秀人才方面将面临更大的挑战。

第二节　公共部门人力资源管理的职能分析

具体而言，公共部门人力资源管理主要包括以下一些基本职能。

一、公共部门人力资源规划

（一）公共部门人力资源规划标准的内涵

公共部门人力资源规划是公共部门依据其管理目标，对组织在一定时期内人力资源的需求、配置、使用、培训，以及经费预算等事务所做的职能性的预测和规划。简言之，就是对组织在未来一段时期内的人力资源工作所做的事先设计。在人力资源管理的各项职能活动中，人力资源规划是一项极具战略性和前瞻性的工作，它的引入和应用，意味着人力资源管理理念的更新，表明现代人力资源管理立足于组织的长远发展，更加关注组织的战略目标和持续发展。一项有价值的人力资源规划应当具有内部和外部的两个一致性。内部一致性是指属于人力资源管理范畴之内的所有职能活动，诸如人力资源的招聘、甄选、配置、培训和薪酬等，在规划时就必须相互契合，彼此协调；外部一致性，则是指人力资源的规划应当是整个公共组织总体规划、总体战略的一个有机组成部分，并能有效地为实现后者所确定的目标服务。

公共部门人力资源规划的特殊性体现在其须与三大关键制约因素相协调：财政、政治理念与治理目标，以及外部环境。①财政制约是公共部门不得不面对的首要挑战。在公共部门的预算中，高达70%的开支通常用于支付工资、福利等人员相关费用。因此，在分配资源时，人力资源管理部门需要与预算部门紧密合作，确保在有限的财政资源下，人事和人员雇佣的支出能够得到合理、高效的分配。②政治理念与治理目标对公共部门人力资源规划具有决定性的影响。公共部门的根本使命在于通过行使公共权利，整合和优化公共资源，以实现那些个体或分散的社会组织难以独自完成的公共目标，如国防、基础设施、环境保护等。因此，人力资源规划必须紧密围绕这些政治理念和治理目标展开，确保人员配置、培训和发展能够与之协调一致。③公共部门人力资源规划还受到外部环境的制约。确保雇员的需求与供给相匹配是人力资源规划的重要目标之一。然而，这一目标的实现并非易事，因为它受到人才市场、社会环境、技术发展等多种外部因素的影响。公共部门需要密切关注这些外部环境的变化，及时调整人力资源规划策略，以确保能够吸引和留住具备在公共部门工作所需综合素质的优秀人才。

（二）公共部门人力资源规划标准的类型

公共部门人力资源规划，按照不同的标准可以分为以下不同类型。

第一，按照规划的期限，可以分为短期、中期和长期三种。短期规划通常指六个月至一年的规划，短期规划的重点在经费预算与招聘方面，以保证当前的需要。中期规划一般指 3~5 年。长期规划一般在 5 年以上，有的可达二三十年，甚至更长。长期规划侧重于组织的战略发展。

第二，按照规划的性质，人力资源规划可以分为战略性人力资源规划与战术性人力资源规划。战略性人力资源规划从国家宏观调控和国家发展战略的高度出发，需要综合考虑人口、资源、环境、经济与社会发展等各方面的因素。战略性人力资源规划一般指具体的短期的规划。

第三，人力资源规划按照其涵盖的范围，可以细分为宏观人力资源规划和微观人力资源规划两大类别。宏观人力资源规划着眼于公共部门整体的人员结构和总量，通过对组织结构和预算状况的综合分析，明确一个特定时期内对人员需求的总体预估。其目标是确保公共部门的职位设置与在职人员的数量、素质结构之间达到总体上的平衡，以实现组织的长期稳定发展。而微观人力资源规划则聚焦于各个具体的公共部门。各部门基于自身工作岗位的实际需求、部门预算情况及未来的发展方向，在工作分析的基础上，明确一个时期或财政年度内对人力资源的具体需求。随后，根据这些需求，制订相应的人力资源获取与配置计划，为公共部门整体的人力资源规划和管理活动提供有力的支撑。

（三）公共部门人力资源规划标准的程序

公共部门人力资源规划大体包括如下一些基本程序。

1. 明确组织目标

人力资源规划必须明确并服从服务于组织的战略目标，为组织的有效运行和长远发展提供充分的具有前瞻性、针对性的人力支持和保障。

2. 环境分析

组织的内外环境与组织的运行有千丝万缕的联系并对后者有重要的制约作用。因此，组织环境的分析是人力资源规划的基础条件。

3. 人力资源存量分析

进行人力资源规划必须对组织现有人力资源的存量状况（包括数量、质量和结构等）进行全面系统分析，以利于充分挖掘组织现有人力资源潜力，为提高组织人力资源的现状与优化组织人力资源配置提供依据。

4. 人力资源预测

在明确组织目标，对组织外部环境及内部人力资源存量做出分析的基础上，需要进一步对组织人力资源的未来发展状况及人力资源的需求与供给做出分析和预测。

5. 规划制定

人力资源规划的制定实际上就是把环境分析、人力资源存量分析及人力资源预测所得出的判断和结论以书面形式做出表述和确认，形成规定性的计划方案，为后续的人力资源管理活动提供依据。规划的制订能实现总体规划与各项业务计划之间及各业务计划之间的协调、统一和均衡。

6. 人力资源规划的实施和评估

人力资源规划的实施是一个不断调适的过程。由于公共部门组织内外部环境存在诸多不确定性，规划本身也会有缺失，因此需要在规划实施的过程中不断对实施结果予以评估，以便及时修正规划，实现规划目标，并为制定下一阶段人力资源规划提供相关信息。

二、工作分析与职位分类

（一）工作分析与职位分类的内涵

工作分析与职位分类是公共部门实施人力资源管理的基石。在人力资源管理的各个环节中，如人力资源的获取、配置、晋升、培训、评估、薪酬等，都必须以工作分析与职位分类为基础。工作分析的核心目标是明确工作的性质、任务，以及完成这些任务所需的人员资质。工作分析涵盖两个主要方面：一方面，它涉及工作本身的要素，包括工作的使命、职能、执行方式、方法、程序，以及所需的工具、设备和工作环境等；另一方面，它关注从事该项工作的人员所应具备的资格条件，这些条件包括专业理论知识、独立解决问题的能力、团队合作精神、道德标准、工作经验、心理素质和身体健康状况等。工作分析的结果体现为职位说明书，这是一份详尽的文件，对工作的任务、条件、绩效标准及完成该职位所需的最低知识、技能和能力（KSAs）要求，以及资格条件（如教育背景、工作经验等）进行明确规定。

在工作分析的基础上需要进行职位分类。职位是组织结构中的基本元素，它是根据组织目标需要而设置的具有一个人工作量的单元，是职权和责任的统一体。职位的存在由组织的任务和目标所决定。职位的设置以"事"为中心，而不以"人"为中心；换言之，即是以事定位，而不是以人定位。职位分类是实现科学的人力资源管理的不可或缺的环节。其内涵是为实现有效的人力资源管理，将组织的所有工作岗位，按工作种类和业务性质横向划分为职系、职组和职位，然后再把各职系中的职位按职权范围、责任轻重、工作难易、资格条件等纵向划分为若干职级，以及把不同职系中的相应职位统一等。基于职位分类制，原则上凡属同一职级的所有职位均可在考试、任用、考核、晋升、薪酬等各方面适用相同的管理标准和管理办法。由此，可以使公共部门的人力资源管理更好地体现公开、公平、公正的原则，并使管理工作更为便利有效。

（二）工作分析与职位分类的方法

工作分析与职位分类的方法分为以下四种。

1. 要素评分工作评估法

这是迄今最为通用的方法，其核心在于通过量化工作难度来比较不同职位的价值。该方法遵循一系列精心设计的步骤来确保公平性和准确性。该方法运作的要点有以下方面：组织内所有工作都需要进行详尽的分析；选取一系列能够全面评估职位价值的要素，这些要素能够覆盖工作的各个方面；随后，为这些工作要素分配相对权重，通常以最高价值设为基准（如100分）；在此基础上，为每个工作要素定义不同的质量层次标准，并为每个层次分配相应的分值；对每项工作在这些要素上的表现进行评分，并汇总得出总分值；将标杆职位（与其他地方相似且具有代表性的职位）与市场上的类似职位进行比较，并为其设定合理的工资幅度；以这些标杆职位的工资为基准，利用市场比率来确定其他职位的工资水平，确保工资给付的公正性和合理性。

2. 品位制度

传统上，品位制度适用于军队、某些准军事组织及高校。品位制度不同于传统工作分类与评估（职位分类制度），因此其中心不再是某个职位的职责，而是雇员的知识、技能和能力。在职位分类制之下，所有雇员均依照职位类型与职责水平进行分类，这些要素与工作分析、职位分类和评估紧密联系在一起。在品位制度下，雇员升迁的依据是他们所具有的技术、知识、经验及教育背景。由于在品位制度下，等级是根据人而非职位划分的，因此，雇员可以在部门内部自由流转而不影响其工资或地位。同时，它还使根据工作所需要的特定技能来配置人员成为可能。这些特征为组织运用品位制度提供了灵活性，并且，它能更有效地利用丰富多彩的人力资源，做到"人得其位，位得其人"。

3. 市场模式

在小型私人企业中，预算管理驱动的人力资源管理方法尤为流行。这种方法的核心在于，管理者根据机构任务的需求，决定所需雇员的数量和工资水平。雇员（包括管理者）的聘用都基于短期绩效合同，这意味着成功的管理者需要能够精准地招聘到合适的员工，为他们提供合理的薪酬，并高效地利用他们实现机构目标。对于雇员而言，成功的标志在于能够签订一份明确任务导向的合同，在劳动力市场上准确评估自身价值，并将自己成功"营销"给雇主。这一制度的有效性在很大程度上依赖于雇主的财政能力。尽管私人部门没有像公共部门那样受到外部行政和立法的严格控制，但无论是正式任命还是合同性质的职位，都需要以预算管理为基础，确保工资或合同条款通过正式任命或合同批准流程得以确立。

4. 宽带制

宽带制（Grade Banding）是一种新的管理方式。它创设于 20 世纪 80 年代，最先是由美国的一些私营公司，如花旗银行、通用电器、施乐公司、美国电话电报公司所采纳。后来，作为一项经文官改革法案授权的研究革新措施，宽带制被联邦政府引入。在一个拥有数十个薪等、上百个职业分类的组织，宽带制将职务安置在宽幅的职业分类表和少数的薪资带中，如分为"训练层"（Training Level）、"完全绩效层"（Full Performance Level）及"专家绩效层"（Expert Performance Level）三种。在如此宽泛的区分区域之内，管理者拥有自主处置权限，而不必就无休止地重新分类等要求取得人事部门之批准。同时它还减少了雇员的职业流动层阶，从而使其职业发展更为清晰。

三、公共部门人力资源获取

公共部门的人力资源获取是一个至关重要的过程，旨在通过招募、甄选和录用等环节，选拔出适合的人才来填补组织内的职位空缺，从而支持组织目标的实现。这个过程是对潜在入职者的严格筛选，关系到公共部门人力资源的整体质量。有效的人力资源获取不仅能确保组织获得具备必要能力和素质的高质量人才，还能提升组织的运作效率和效果，降低管理成本，并为组织的长期发展奠定坚实基础。鉴于公共部门负责行使公权力，管理社会公共事务，并承担着增进和维护国家利益与公众利益的重要职责，对人力资源的素质要求极高。因此，公共部门在人力资源获取过程中必须坚持公开、公平、竞争和择优的原则。这不仅能确保吸引和选拔到真正具备德才兼备的优秀人才，还能有效预防在招聘和任用过程中的任何不当行为。

(一) 公共部门人力资源获取模型分类

公共部门人力资源获取的模型也因环境的不同而各异。

1. 集中型

如果一个机构有好几千个雇员，如果不同的部门要雇用大量办事人员或相同性质职位的技术人员的话，就比较适宜于采用集中性招聘的方式。中央人事机构将有责任要求各机构的人事管理者对组织未来（下一季度或财政年度）所需的新雇员的种类和数量做出周期性的预测或估计。所有机构的人事需求，在进行职业代码和工资级别的分类之后都输入计算机，由此得出一个规划性的新雇员需求情况的总表。而后，中央人事机构将发布一个有关职位的公告，向潜在的工作申请者正式公布机构中所存在的职位空缺。

2. 分散型

在传统意义上，分散型招募常见于规模较小的机构，这些机构由于招聘需求有限且多样化，更倾向于各自独立进行招聘。然而，在大型机构中，对于特定领域的专业性、科研性或行政性职位，分散型招募也常被采用。当采用分散型招募时，尽管与中央人事机构的沟通可能成为一个限制因素，但各公共机构经历的招聘流程实质上与集中化招募的要求相似。机构的人事管理者与高层管理者紧密合作，分阶段评估招聘需求。基于对新雇员需求及机构多样化目标的评估，人事主管将确定具体的招聘策略。分散型招募赋予各机构更多的招聘过程控制权，并更多地依赖口头宣传等招聘技术。随着招聘策略的发展，许多机构现在采用分散型招募与集中型招募相结合的方式。

3. 电子化型

随着互联网的迅猛发展，机构和协会现在可以利用"职业银行"平台为他们的空缺职位发布广告，同时，求职者也能通过这一虚拟的"电子招聘大厅"提交简历并接受资格筛选。以"美国职业银行"为例，它是其中一个知名的职业平台，由美国劳工部与两千个州级就业服务机构携手打造。在这个平台上，工作职位被细致分类，包括按行业、州或其他特定条件进行搜索。此外，"美国职业银行"还与其他众多网站建立了链接，包括各州的职业银行。

4. 合同外包分包型

在不牺牲组织核心能力的情况下，使用合同签订，以获得规模经济的管理方式的不断增加，意味着各种部门机构正越来越多地选择和使用合同外包或分包作为一种招聘工具。尤其是，他们更有可能通过就业服务机构来雇用临时性雇员，或者通过搜寻主管的公司（"猎头公司"）来招聘专业管理型的雇员。合同外包或分包的目的是节省招聘费用，同时，它也使组织能够将注意力集中于其独特使命的完成。将招聘和选录的职责交给那些专业的就业服务机构或招聘机构，使得这一过程被显著缩短。

（二）公共部门人力资源获取程序

基于人力资源需求预测及人力资源规划，一般而言，公共部门人力资源获取包括如下三个基本程序。

1. 招募

人力资源招募是组织通过各种途径和方法获取候选人的过程，根据招募对象的来源可以分为内部招募和外部招募。内部招募主要是两种形式：一是提升，即将公共部门内符合条件的人员从低级职位提升到高级职位；二是调职（平调），就是指职务级别不发生变化，把机构内部的人员从其原岗位调换到另一岗位。外部招募是指根据一定的标准和程序，从组织外部获取候选人的一种招募形式。

2. 甄选

甄选是公共部门用人单位在招募工作完成以后，根据用人条件和用人标准，运用适当的方式，对所有候选人进行审查和选择的过程。公共部门人力资源的甄选必须坚持人必适岗、唯才是举和任职回避的原则。这里所说的"才"是德才兼备的人才，而不是仅指才能。

3. 录用

甄选阶段之后，就进入录用合格人选的程序，这主要包括签订合同、试用、正式任用等环节。

国家公务员作为公共部门人力资源的核心构成，其选拔与录用成为公共部门人力资源获取的重中之重。公务员制度历经多年发展，已形成一套健全的考试录用体系。在中国，依据《中华人民共和国公务员法》的规定，主任科员及以下非领导职务的公务员选拔，遵循公开考试、严格评估、平等竞争、择优录取的原则。而对于更高层次的职位，如主任科员以上，则更多依赖于推荐、选拔和调配等机制。对于特殊职位的国家公务员录用，根据实际情况可采取简化程序或其他专业评估方式。就目前的公务员选拔实践来看，中国公务员的考试主要分为三类：分级考试、外部竞争与内部竞争考试，以及双轮制考试。这些考试的形式多种多样，其中笔试和面试尤为重要，它们结合模拟测试和技能操作测试，全面评估考生的能力和素质。从考试录用的标准流程来看，中国国家公务员的选拔大致包括如下阶段：首先是制订详细的录用计划，随后发布招考公告，对报名者进行严格的资格预审，接着进行公开考试，对考试成绩优秀的候选人进行进一步的考核评估，并最终完成审批录用工作。

四、公共部门人力资源绩效考核

公共部门人力资源的绩效考核是指公共部门依据一定的原则和标准，对其工作人员的工作能力、工作表现和工作效果所进行的综合考查与评价活动。绩效考核是公共部门人力资源管理的一个重要环节。通过考核，对员工的工作绩效做出考评结论，可以为公共部门人力资源管理的其他活动，如薪酬发放、职务调整奖惩和培训等提供客观依据。同时，考核本身也是一种激励因素，通过考核，让员工知道其成绩与不足，有利于其增强责任意识，明确努力方向。这无论是对员工自身的工作与发展，还是对于组织运行的改善，都具有十分重要的意义。

管理层实施绩效考核，通常旨在实现四个核心目标。首先，通过绩效考核，管理层能够加强与雇员之间的沟通，确保雇员对组织目标有清晰的认识。绩效考核不仅强化了管理层的期望，还指导雇员明确工作方向。管理层在此过程中扮演着关键角色，通过反馈机制确保员工绩效与既定标准保持一致。其次，绩效考核旨在激励员工提升工作表现。提供反馈和建设性批评的目的是促使员工改进不足，鼓励他们在现有基础上维持或提升工作绩效。再次，绩效考核有助于公平地分配组织内的奖励，如工资调整和晋升机会。奖励的公正分配是衡量组织公正性和员工待遇的重要指标之一。最后，绩效考核还促进了人事管理的改进。如果工作分析准确，且基于与工作相关的技能、知识和能力选拔人员，员工的绩效理应达到预期或更佳。若绩效不佳，则可能需要重新审视工作分析、选拔或晋升标准，甚至评估绩效考核体系本身是否存在问题。

绩效考核的实施需要建构一个完整的考核指标体系。诚然，由于公共部门中不同部门机构工作性质及其产出形态的复杂性，其考核指标体系的设计有一定难度。但是，就其基本的方面而言，可以主要从德、能、勤、绩四个方面考虑。"德"，主要指员工的职业道德和职业伦理素质；"能"，指员工的能力素质，包括专业能力、执行能力、创新能力、权变能力和抗压能力等；"勤"，指员工的勤奋敬业的精神，包括出勤率、工作态度、工作作风等；"绩"，是指员工的工作绩效，包括工作的数量、质量及其经济效益和社会效益等。要使绩效考核公平公正并具备可操作性，必须依据上述四方面的考核内容设计细化的指标体系，并建构相关的考核方法和考核程序。

五、公共部门人力资源的薪酬福利

薪酬福利是人力资源管理的重要环节之一，是人力资源保障的基本措施，它与公共部门人员的激励与发展、组织战略和组织目标的实现密切相关。公共部门的薪酬福利通常都要经由相关法律法规予以明确规定，管理的确定性相对较大。从传统上说，公务员薪酬制度的设计有一些前提性假设，即认为一个人的职务是一个最基本的测评单位；其职务与他人职务之间的关系是可以确定的；该职务的价值可以进行客观的评估，不因获得该职位的人员变动而变异。良好的薪酬福利制度是满足员工物质、精神需要的主要手段，它对于稳定公共部门人力资源队伍，增强公职人员对组织的认同感和归属感，激发公职人员的工作积极性，提高公共部门的工作效率具有重要意义。同时，在一定程度上，较好的薪酬福利待遇也是促使公共部门工作人员廉洁奉公的一种物质保障手段。

薪酬作为对员工工作付出的货币形式补偿，涵盖了知识、技能、精力、体力和时间的投入。在中国公共部门，薪酬特指用人单位根据国家规定或劳动合同，直接支付给员工的劳动报酬。由于各国经济发展水平、生活水准和文化风俗的差异，薪酬的构成呈现出多样性。从一般意义上讲，薪酬主要由四个部分组成：基本工资、奖金、津贴和补贴。基本工资，作为员工收入的主体，综合体现了薪酬的功能，通常依据员工的部门、职位、职务、职级、资历等因素来确定。奖金则是基于员工的工作表现而给予的额外报酬，旨在激励员工提高工作效率。津贴则是针对在特殊工作环境下工作的员工，用以补偿因工作造成的健康或精神上的损失或损害。例如在恶劣环境中工作的员工可能会获得相应的津贴。补贴则是为了确保员工在外部环境变化时，其实际工资和生活水平不会受到实质性影响，或者为了鼓励员工长期服务于某一部门而提供的补助，这包括物价补贴、工龄补贴等。

"公共机构中的工资和薪金由一系列法定程序确定，受到人事管理制度的类型及相关法律和历史习惯的影响。对于公务员系统内的大多数职员而言，工资是由薪金调查所获得的信息而确定，这种调查的目的是确立外部平等性。在美国，工资调查被用来作为就工资结构向立法机关提出建议及获得批准的基础。然而20 世纪 80 年代以来，由于人们不断质疑政府解决公共问题的能力，导致公共部门采取规模缩减及民营化等一系列改革措施来缓和公众情绪。公共部门施行以功绩制为基础的工资制度就直接产生于这场运动。塞格尔将现代公务员制度模型中的'从注重长期（资历）视角向短期视角的转换''薪酬报酬中的绩效价值取向'和'各层次、各类型福利的缩减'特征视为影响未来文官薪酬政策与实践的主要因素，并使用术语'新工资'（New Pay）来概括以上因素对公共部门薪金福利政策与实践的冲击。新工资制是后来私营部门普遍应用的做法。其特征是：①日常薪金管理的职责由人力资源管理工作人员转移到管理者或监督者手中；②传统工资等级与幅度结构被更为广泛的宽带等级和幅度所代替；③'以职务定薪'（Paying the Job）让位于'以人定薪'（Paying the Person）；④绩效评估标准的多元化发展，侧重从更广泛的视角，包括同级、下属、委托人/顾客等视角对当事人进行评估；⑤传统的针对个人的工资制度，如今遭到强调团队精神和集体激励制度的挑战；⑥人们更乐于接受针对具体工作而'量体裁衣'式的工资制度，而不是传统上那种'一刀切'式的观念。这种新工资的基本构成因素可以通过'总工资包'（Total Compensation Package）来解释。"①

"总工资包"中还包含了一系列福利，这些福利可以从不同角度进行分类和理解。广义上，福利涵盖了人们享受的所有物质待遇，包括社会保险、社会救助和社会优抚等，旨在提升员工的生活质量。而狭义上，福利特指除了社会保险、社会救济和社会优抚之外，那些用于提高员工生活质量的措施。为了方便分析，福利通常被分为法定福利和裁量性福利两类。法定福利是法律赋予雇员的权益，具有强制性；而裁量性福利则是由雇主根据自身情况，为了吸引或留住员工而提供的福利项目，具有较强的自主性。在公共部门，人力资源的福利特指为了提高公职人员生活质量而采取的各种措施，同样包括法定福利和裁量性福利。由于不同公共部门的经济实力、管理目标和员工需求各异，因此福利内容可能存在较大差异。一般来说，公职人员的福利涵盖了多个方面，如带薪的节日和假期、各类补贴或补助、优惠服务等。在中国，公职人员的福利措施主要包括福利补贴和补助、探亲制度、休假制度、集体生活福利设施及保险制度等。

第三节　公共部门人力资源管理的激励机制

一、公共部门人力资源管理激励机制的内涵

（一）激励与激励机制

激励是管理过程中不可或缺的因素，通俗地说，就是激发和鼓励。激励这个概念用于人力资源管理，是指在人力资源管理活动中，以组织成员的需要为出发点，以需求理论为指导，采取各种方法激发调动员工的积极性和创造性，以有效实现工作目标的过程。有效的激励不仅会提升员工的工作动力，而且会点燃他们的工作激情，促使他们产生超越工作、超越自我的动力，高质高效且有创造性地

---

① 黄健荣. 公共管理导论［M］. 南京：南京大学出版社，2013：243-244.

完成工作任务。激励有物质激励和精神激励、外在激励和内在激励、正激励与负激励等不同类型。

"机制"一词源于希腊语，原指机器的构造和运作原理。把机制的本义引申到不同的领域，就产生了不同的机制。在管理领域中，机制是指管理系统中各子系统、各构成要素之间相互联系、相互制约、相互作用的关系及其整体功能。

激励机制是指为实现组织目标，激励主体运用相对规范化、固定化、系统化的激励手段和方法及激励客体相互作用、相互制约的关系的总和。激励机制实际上是通过一套理性化的制度来反映激励主体与激励客体相互作用的方式。激励机制包括激励形式、激励时机、激励频率、激励强度、激励针对性等因素。激励机制一旦形成，就会对组织起到助长作用或致弱作用。

（二）公共部门人力资源管理激励机制

公共部门人力资源管理激励机制是一套旨在通过持久而稳定的激励手段，激发员工积极性、创造力，以实现组织整体目标的综合性策略。该机制的核心要素体现在以下四个方面。

一是这一机制服务于公共部门的组织目标。它通过强化工作绩效与奖励报酬之间的联系，提升员工的期望值，旨在实现组织预期目标的同时，也助力员工实现个人目标，从而实现组织与个人目标的和谐统一。

二是公共部门人力资源管理激励机制具有相对的稳定性。这体现在它依据法律法规、价值观念和文化环境等制定的规章制度和管理条例上。一旦这些制度确立，便能在组织内部形成稳定的参照体系，引导员工自主调整工作方向，从而保证激励效果的持久性。

三是该机制的运行是一个激励主体与激励客体互动的过程。在这一过程中，除了工作层面的合作外，双方还进行了深入的思想、情感和心灵交流，增进了彼此的理解和信任。这种主客体关系的转变，不仅促进了双赢，也为社会的和谐进步做出了贡献。

四是公共部门人力资源管理激励机制的核心在于激发员工工作的主动性、积极性和创造性，为此，设定了相应的激励原则、方法和手段。

二、公共部门人力资源管理激励机制的特点和功能

(一) 公共部门人力资源管理激励机制的特点

公共部门人力资源管理激励机制与私营部门人力资源管理激励机制在理论基础、应用方法上有着相似之处。但是，由于公共部门与私营部门的性质及其在经济社会发展中的地位和作用不同、组织环境不同、人力资源管理实际状况不同，致使其在激励机制的建立和使用上有着自身的特点。

1. 目的的公益性

激励机制的目的规定了激励的性质和方向，即规定对什么样的人力资源管理价值理念和行为方式给予肯定和激励，什么样的不给予肯定和激励。实现社会效益是公共部门的使命和职责，而保证政治回应和社会公平性是公共部门所固有的价值理念。由于公共部门尤其是政府部门要从政治、经济、社会等诸多方面对公众负责，因此公共部门在制定人力资源管理的激励机制时就要从公益性和实现社会效益最大化的角度出发，在彰显社会公平、公正的同时，要鼓励对国家、对社会的忠诚及对社会、对公众的负责。

2. 方式的规范性

公共部门作为公众利益的代理人，受公众的委托并且对公众负责。对公共部门工作人员的激励机制必须严格按照国家统一的法律、政策、规定执行，各部门不能根据各自情况制定超越国家有关规定但是却符合本部门利益的激励机制。

3. 手段的折中性

公共部门的激励机制受限于严格的法律、政策和规定，因此相较于私营部门灵活多变、迅速响应和较为激进的激励手段，公共部门的激励机制呈现出更为稳定、渐进和折中的特点。特别是在激励的强度和数量上，这种折中性尤为显著。私营部门可根据员工对组织发展的具体贡献，灵活提供高额奖金、提成、股权等激励措施，而公共部门则必须在政策框架内设定奖励。

4. 指标的模糊性

公共部门的产出或服务通常具有垄断性、非营利性和综合性等特质，这些特

点使得其产品难以量化评估。加之公共政策或产品的完成往往是集体努力的结果，个体贡献难以精确划分。再者，公共部门创造的价值往往需要长时间才能显现，这导致评价结果的反馈较为迟缓。因此，在公共部门中，激励指标往往呈现出模糊性。相较于私营部门可以采用直接且明确的绩效指标来评估个人对组织的贡献，公共部门则更多地依赖于间接性指标来进行衡量。

（二）公共部门人力资源管理激励机制的功能

公共部门工作人员的工作态度和工作效率将直接关系到公共部门工作的质量和效率。激励机制对实现组织目标和提高组织成员的工作效率都有着非常重要的作用。激励机制一旦形成，它就会内在地作用于组织系统本身，使组织机能处于一定的状态，并进一步影响组织发展。所以只有通过科学的激励机制，才能调动工作人员努力上进、积极创新的工作热情，才能使公共部门充满活力。激励机制的功能主要表现在以下四个方面。

1. 激发工作人员的积极性

实践证明，当两个能力相近的个体处于相同的工作环境和条件下时，他们的工作绩效差异往往取决于他们对待工作的积极性。在公共部门中，由于工作任务和目标常常具有一定的模糊性，工作人员是否具备积极主动的工作态度对工作质量和效率的影响尤为显著。而这种积极性和主观能动性，在很大程度上是由激励机制的恰当性决定的。

2. 开发工作人员的潜能

根据美国心理学家的研究，在缺乏激励的环境中，组织成员的潜能往往只能得到有限的发挥。然而，一旦组织能够实施及时且有效的激励措施，其成员的潜能将被进一步挖掘，工作效率也将随之显著提升。考虑到公共部门工作的稳定性和程序性特点，长期从事此类工作可能导致工作人员潜能的抑制和工作倦怠。因此，建立并实施有效的激励机制成为公共部门激发员工潜能、提高工作质量的关键工具。

3. 吸引和留用优秀人才

为了使公共部门能为公众提供更好、更有效的服务，公共部门中应该聚集人才，但在当前人力资源的自由流动性日益增强的大环境下，公共部门能否吸引更多、更优秀的人才加入组织，甚至保留现有人才，都成了今后不得不考虑的问题。公共部门工作人员也有各种需要，他们生活在纷繁芜杂的社会中，也会用"经济人"的思维模式对加入或退出公共部门进行成本-效益的分析，只有制度为他们提供良好的激励条件，确保他们的工作得到一定程度的认可，才能将人才吸引并保留在公共部门队伍中。

4. 提高组织整体效能

全球化和知识经济的到来为公共部门提供了更为宽广的平台和崭新的工作内容，同时也带来了巨大的挑战。政府、民众、企业交流的频繁和相互依赖性的增强，使公共部门公务的国际化、区域化趋势明显，这就要求公共部门在各方面适应这一趋势，实行战略性转型。公共部门人力资源管理激励机制，有利于大幅度提高公共部门人员素质，有利于吸引、培育和激励优秀人才。它的这种功能无论在主观上还是客观上，都起到了催化剂的作用，提高了组织效能，促进了组织改革和发展。

三、公共部门人力资源管理激励机制的原则和方法

(一) 公共部门人力资源管理激励机制的原则

1. 物质激励与精神激励相结合

物质激励作为一种普遍适用的激励方式，在公共和私营部门中均被广泛采用，它通过提供工资、奖金、津贴和福利等物质手段来激励员工积极投入工作。而精神激励，则侧重于非物质形式，如表扬、奖状、勋章、荣誉称号和授权等，以满足人们在社会属性上的精神需求。人类作为社会性动物，除了基本的物质需求外，还追求着高层次的精神满足。在公共部门中，员工对于精神激励的看重尤为明显，这种激励方式成为推动他们工作积极性的重要精神力量。然而，仅仅依赖物质激励或精神激励中的任何一方，可能均难以达到理想的激励效果。因此，有效的激励机制需要将物质激励与精神激励结合起来，相辅相成。

2. 奖励为主与适度惩罚相结合

该原则是在正激励与负激励相结合原则的基础上发展起来的。奖励相当于正激励，指对工作人员符合组织目标的期望行为进行奖励，以使得这种行为更多出现。惩罚相当于负激励，指对违背组织目标的非期望行为进行惩罚，以使得这种行为不再发生。在人力资源管理激励中，奖励和惩罚两种手段必须兼用，只有在坚持对优者进行奖励、对劣者进行惩处的情况下，才能使优秀者显示出受奖的价值。只奖不罚，就降低了奖励的价值，影响奖励的效果。只罚不奖，仅能起到消极的禁止作用，难以激发工作人员的积极性、进取心和荣誉感，单纯的惩罚甚至还可能促使产生逆反心理。公共部门工作稳定性强、成员之间相对比较熟悉、人员素质较高，应该多用奖励，少用惩罚，要让受奖者起到辐射作用和带动作用，成为大家学习的榜样；对于受罚者也要给予更改错误的机会，使其能发挥自己的长处。

3. 组织目标与个人需要相结合

"在激励机制中，设置目标是一个关键环节，因为个人需要与组织目标并非完全一致。满足个人需要的前提条件就是其必须有利于组织目标的实现，符合组织的整体利益，否则，激励将会偏离其方向。而组织要有效实现其目标，调动工作人员的积极性，就必须将工作人员个人的需要和组织的目标结合起来加以考虑，否则，也难以达到满意的激励效果。因此，在激励过程中，要将组织目标和个人需要结合起来，使组织目标能够包含较多的个人需要，同时个人需要的满足和实现又离不开其为实现组织目标所作出的努力。"[①]

4. 公平公正与明确合理相结合

公平公正是激励机制中不可或缺的基本原则。缺乏公平公正不仅无法激发员工的积极性，反而会引发一系列消极后果。确保公平公正的关键在于激励机制的明确性，这主要体现在以下三个方面：首先，目的要明确，即清晰地阐述员工需要完成的任务和如何完成；其次，条件要明确，即明确指出哪些行为会受到奖

[①]　朱晓卫. 公共部门人力资源开发与管理研究［M］. 哈尔滨：黑龙江人民出版社，2003：274.

励，哪些行为会受到惩罚；最后，奖惩要明确，即公开透明地规定奖励和惩罚的方式及程度。此外，激励机制的合理性同样至关重要。合理性的体现包含两个层面：质和量。从质的层面看，激励措施需要准确对应目标性质，确保激励档次的恰当性；从量的层面看，激励措施需要根据目标的价值大小来设定适当的激励量，以避免超量激励或不足量激励带来的负面影响。

（二）公共部门人力资源管理激励机制的方法

激励机制的目的是要达到激励效果，其效果的显现是在多种激励方法的共同作用下发生的。从当前我国公共部门人力资源管理激励的方法看，主要包括以下四个方面。

1. 个体物质激励

物质激励是运用物质的手段使工作人员得到物质上的满足，从而进一步调动其积极性、主动性和创造性。物质激励是公共部门人力资源管理中一种最基本的方法，也是在当今公共部门中普遍采用的激励方式。其主要包括薪酬激励和福利激励。

（1）薪酬激励。公共部门工作人员的工资水平应与其他行业相当人员的平均工资水平大体持平，并依据社会物价上涨指数的变动和工作绩效情况进行相应的加薪、减薪或进行奖励、罚款，从而在薪酬水平上体现公共部门工作人员的价值。

（2）福利激励。福利待遇是公共部门工作人员在工作中享受到的工资以外的经济性补偿，它是工作人员安心工作的保障，公共部门还应进一步考虑工作人员的养老保险、医疗保险、住房补贴等问题。

2. 个体精神激励

精神激励是一种无形的、精神层面的激励手段，涵盖授权、表扬、工作绩效认可、提供学习和培训机会等多个方面。以下是五种常见的精神激励实现方式。

（1）文化激励。作为精神激励的核心组成部分，公共部门的组织文化具有巨大的激励作用。一个独特且有凝聚力的组织文化能够强化团队的向心力，提升工作人员的服务意识和质量，进而塑造一个团结奋进、高效服务的整体。

（2）榜样激励：榜样是激励员工追求卓越的重要力量。工作人员常常寻求上进，不甘落后，有了明确的榜样，他们就能明确努力的方向和赶超的目标，从榜样的成功故事中汲取动力和启示。

（3）目标激励：公共部门可以通过设定总体目标和阶段性目标来激发员工的积极性与创造性。这些目标不仅作为考核、选拔、职务晋升和奖惩的依据，还能引导员工朝着更高的目标不断奋进。

（4）荣誉激励：每个人都渴望得到认可，追求荣誉。公共部门通过表扬、记功、授予荣誉称号等方式，肯定员工的工作成就和研究成果，能够满足他们展现自我价值的需求，激励他们继续向更高的目标努力。

（5）情感激励：情感是影响人们行为的重要因素。管理者应关注员工的工作和生活，建立互信、互敬、互爱的良好关系。

3. 社会认同激励

（1）晋升机制。晋升是指公共部门工作人员职位等级的提升、工资级别的增加。晋升是社会对其工作结果的一种肯定和认可，对公职人员来说是一种重要的激励形式。可以把晋升看作精神激励也可以是物质激励，因为晋升不仅意味着荣誉、地位的提高，也意味着薪资的增加和待遇的提高。

（2）考核机制。合理的考核是通过量化方式对工作人员的工作业绩进行全面、客观的评价，这将涉及薪资调整、奖金发放和职务升迁等诸多与工作人员切身利益相关的问题。绩效考核的作用对管理者而言，可为管理者提供关于工作人员工作表现的信息，为实施职位晋升和薪资奖励提供客观依据；对于被考核人员而言，通过考核可以为工作人员提供反馈，使其发现不足并及时解决。

4. 社会监督激励

在公共部门的日常运作中，来自委托人的直接或间接监督构成了确保代理人有效执行各项任务的关键控制机制。这种监督激励对代理人的行为产生以下显著影响：首先，监督作为一种直接的信息收集和处理手段，能够精确捕获工作人员的行为和业绩数据，进而提高业绩评价的准确性，优化整个组织的激励效果；其次，监督对工作人员形成直接的"压力"效应，推动他们积极追求以实现组织设定的目标。监督激励主要分为外部监督和内部监督两大类别。外部监督涵盖权力制衡、政党监督、选民监督和舆论监督等多种形式，旨在从外部对公共部门的工作进行规范和约束。而内部监督则包括公共部门内部高层对下层的纵向监督，以及工作人员之间的相互横向监督。

四、我国公共部门人力资源管理激励机制的完善

（一）更新激励理念

面对经济全球化和知识经济时代的浪潮，组织外部环境已发生深刻变革。为了成功激励公共部门工作人员、提升工作效率并建立高绩效的公共部门，我们既须借鉴管理学科的前沿研究及国际先进的激励理论，又须结合我国特有的社会历史条件和经济发展现状，量身打造符合国情、满足社会主义发展需要的公共部门激励体制与机制。

（二）丰富激励手段

"人的因素"无疑是推动社会生产力发展、物质财富创造及科学技术进步的核心动力。在组织中，人不仅是管理的起点，也是管理的最终归宿，所有管理活动的核心都在于激发和维持人的积极性和创造性。因此，人力资源管理激励机制的研究实质上是对人的深入探索。在构建人力资源管理激励机制时，必须坚持将"人"置于首要且核心的地位。这意味着从观念层面、制度层面到操作层面，都应切实贯彻以人为本的理念。然而，在我国当前阶段，尽管强调以人为本，但在公共部门中，由于传统人事管理思想的根深蒂固及部门性质的特殊性，激励手段往往显得单一和简化。这种脱离员工实际需求的激励方式，不仅难以发挥应有的作用，更与以人为本的理念相悖。因此，需要在坚持以人为本的前提下，不断探索和丰富激励手段。

（三）实施绩效考评制度

人们对公共部门人力资源管理考核的主要诟病是，考核指标不合理、考核方法不科学、考核内容不实际、考核结果不应用。这就要求公共部门要建立起科

学、全面、合理的考核指标体系，完善和规范考核程序，实行考核主体多元化，归根结底就是实施绩效管理。对个人而言，绩效管理有利于个人了解自己的潜在能力、加强自我管理和自我职业生涯规划；对组织而言，绩效管理有利于组织建立管理者与工作人员之间的沟通渠道，了解工作人员的发展潜力，并为组织如何对工作人员进行奖惩、如何制订与调整薪酬分配方案提供重要依据。

（四）加强培训工作

"知识经济的到来和公众对公共部门期望的提高，使公共部门如何提高工作人员素质的问题日益凸显。对公共部门而言，培训开发是最有效的途径之一。一是积极推进培训模式的创新，提高培训的针对性、实效性和吸引力。二是大力推行自主学习、在线学习等方式，为培训提供多样化途径。三是大力推广网络培训、远程教育培训等，提高培训教学和管理的信息化水平。四是鼓励和规范高等学校、科研院所承担相应的培训工作，逐步构建分工明确、优势互补、布局合理、竞争有序的培训机构体系。此外，公共部门还要鼓励学习和创新，创造良好的学习氛围，积极培育学习型组织，使工作人员自身素质在不知不觉中提高。"①

（五）完善监督机制

公共部门在自己负责的领域内具有相对或绝对的权威，这种权威具有普遍性和唯一性，因此，需要对公共部门进行监督和约束。监督是对激励的逆向强化，是促进激励机制有效运行、防微杜渐的保障性机制。我国对公共部门的监督主要有政务公开、行政监督、行政系统外部监督等方式方法。但有效的监督，必须有制度的保证。对于任何个人和组织的活动，制度具有根本性的约束作用，用制度去约束才是最有效的。

---

① 楚明锟. 公共管理导论 [M]. 武汉：华中科技大学出版社，2011：229-230.

第四节 公共部门人力资源管理的数字化转型

为了社会正常运转，公共部门需要充分发挥自身职能，为社会提供多类型服务。公共部门要积极提高自身工作效率，促进行政管理效能提升，对经济、社会发展起到更大的推动作用。特别是随着全球现代各类数字技术的迅速发展，我国各级公共部门的实际工作内容也发生了变化。同样，数字化也深刻影响了公共部门人力资源管理工作，使人力资源管理工作数字化同时面对机遇与挑战。

一、人力资源管理需要应对的新职能

针对当前公共部门人力资源管理的挑战与机遇，以下是三个重要的改进方向。

首先，要实施精准的数据分析与研判。公共部门应系统地收集和整理与工作紧密相关的数据，包括但不限于人力资源应用、业务开展模式及人机互动等方面。通过深入的分析和解读，可以更有效地理解工作现状，预测发展趋势，并据此制定更具针对性的管理策略。

其次，要利用数字化手段为公共部门员工提供全方位支持。鉴于公共部门承担着重要的社会服务职能，其员工在工作中可能面临各种压力。因此，公共部门应充分关注员工的身心健康和思想动态，特别是在数字化转型过程中，要深度剖析可能存在的风险和挑战，确保员工不会因数字化工作而受到不必要的伤害。这样，组织才能在全体员工的共同努力下持续、有效地运行。

最后，要合理规划并整合各类资源。公共部门应将其人力资源、技术应用和发展路径与数字化发展模式紧密结合起来，确保员工能够深入了解并适应数字化发展的需求。此外，部门还应充分利用数字化管理模式来优化资源配置，提升公共服务的质量和效率。

二、提升人力资源管理的时代创新性

在数字化时代，公共服务部门必须与时俱进，突破创新，改变传统的管理手段，以高效完成工作任务为导向，创新研究适合自身的组织架构、工作流程，要充分借鉴先进的管理经验，突出组织结构建设的灵活性、高效性，合理设置决策管理流程，通过优化管理手段，营造数字化管理新形象，满足人民群众日益增长的物质文化生活需要。

数字技术为公共部门人力资源工作提供了新的平台和手段，公共部门要积极构建创新性、学习型的公共部门文化，以文化为引领，确保人力资源管理工作更加扎实稳健。同时，数字化时代的发展必然会改变现有的工作形式，原有的一些工作岗位也将不再适合社会发展需求，而与之对应的，是顺应数字化时代发展的产业和岗位的兴起。这向人力资源管理工作提出了新的要求。公共部门人力资源管理要不断应对数字化发展需要，完善现有的岗位分类和制度要求，从分类依据、岗位职能、层级设置等方面进行合理改革，激发员工利用数字技能的热情，指导其在数字化进程中体现自身价值，进而发挥数字化对公共部门人力资源管理的积极影响。

三、提升数字应用效能与变革思维

在数字时代，公共部门员工必须掌握先进的数字技术与素养，并具备在数字环境中高效沟通与协作的能力。随着自动化设备和人工智能产品的日益普及，部分岗位的工作将逐渐被替代，导致人力需求减少。然而，为了有效应用这些现代化工具，公共部门员工需要掌握相关的使用技能，以提升服务公众的效率和质量。为了提升服务能力，公共部门应系统地对相关岗位员工进行数字技术培训。在培训前，通过数字化手段深入分析员工的工作经历、个人特长等，以制定更为精准和合适的培训项目与方式，快速提高员工的数字化技能应用水平。

在塑造未来发展路径时，公共部门应进一步强化员工对数字化的认知和理解。通过整合人工智能、数据模拟等先进技术到部门的学习、培训和工作系统中，为员工提升数字化应用能力、适应岗位变化提供坚实基础。同时，营造员工间互相学习、共同进步的积极氛围，推动整个团队建设的持续进步。

四、以数字化打造人才队伍

公共部门要利用数字化手段打造人才队伍，进一步优化部门管理与人员个体发展之间的关系，稳步推进数字化人才队伍建设。

对数字化背景下的员工队伍发展提出专题策划部署。公共部门领导要充分了解数字化对部门未来整体发展的影响，反复研究数字化人才队伍建设所需要素；要充分认识到基于数字化转型，人才拥有熟练使用数字化技能要比其拥有的资历更加重要；要有针对性地组织人力资源管理部门、业务策划部门、技术支持提供部门等的主管人员参加培训，使其明确数字化形势下人才队伍的建设方向。

公共部门应将提升数字化使用水平作为人才队伍建设的重要目标。在人才招聘、梯队建设、素质提升等环节中，应加入数字化相关要素，确保新入职员工和现有员工都能具备一定的数字化技能。同时，部门应持续收集、整理与部门业务紧密相关的数字化信息，明确人才队伍的发展方向和选人用人标准，为打造具备时代特征的人才队伍奠定基础。在人才选用方面，公共部门应突出数字化的关键作用。通过制定相关政策，鼓励员工学习并掌握数字化技能，让现有员工深刻认识到数字化技能的重要性，助力员工实现个人发展的数字化转变。

"明确公共部门数字化用人导向。公共部门因其自身工作属性，在数字化变革之路上必须加速前行，人力资源管理在其中要起到重要的导向和推动作用。公共部门要清晰地意识到数字化转型对行业发展造成的冲击，不遗余力地引导现有人才队伍发展，想尽办法吸纳专业人才，使员工在数字化发展中体现出个人才干。要实现这一目的，公共部门就要打造数字化人才发展环境。一是要将数字化作为基本职业素养，根据岗位需要将各类人才用于不同的数字化发展模块之上，使数字化有效体现在公共部门的各个岗位；二是要提升数字化使用与人才发展的契合度，使数字化与人才队伍建设同频共振。"[①]

五、数字化运用要确保个人信息安全

数据保密工作与数字化运用密不可分。数字化运用在个人信息中也要严把保密关，确保不因为数字化而损害个人信息安全。只有确保个人信息不受损害，个人的利益才不会受到影响，才不会对公共部门业务工作乃至行业安全造成影响。

---

① 王雨寒. 公共部门人力资源管理数字化转型 [J]. 人力资源，2022（14）：150.

因此，公共部门，特别是涉密公共部门，要确保对其工作人员个人信息的保护工作万无一失。

为确保公共部门在数字化建设中能够高效、安全地管理个人信息，必须建立健全个人信息存储与使用的制度规范，并严格执行。在数字化转型过程中，保护秘密信息不被泄露至关重要。在个人信息获取阶段，公共部门应严格遵守规定流程，明确告知员工个人信息数据获取的目的和应用范围，并在获得员工明确同意后，依据规定的权限进行信息获取。这一流程确保了信息的合法性和透明度。进入信息使用阶段，公共部门须根据信息的层级和类别进行区分管理。在操作上，必须严格遵循既定的制度要求，对信息的流通范围进行严格控制，确保信息在使用过程中不被非法获取或泄露。公共部门在推进人力资源管理数字化建设时，必须综合运用多种手段确保数字信息的安全。只有在保障信息安全的基础上，数字化技术才能充分发挥其效能，推动部门各项工作安全、有序、高效地开展。

第五章　公共部门绩效管理与改进途径

第一节　公共部门绩效管理的概述

一、公共部门绩效管理的含义与特征

(一) 公共部门绩效管理的含义

"绩效"源于英文单词"performance"，原意是指性能、能力、成绩、工作成果等。目前，"绩效"一词在各个领域、各个行业被广泛应用，但是因为其多因性、多维性和动态性，至今理论界对绩效的概念仍没有一个统一的定义，不同行业中绩效评估的实施者也对此各执一词，莫衷一是。目前，研究者在理论上主要是从产出角度、行为角度或者从上述两者综合的角度解释绩效。从产出角度看，绩效是对在特定的时间内，由特定的工作职能或活动所创造的产出的记录。从行为角度看，绩效就是个人或系统的所作所为。更多研究者认为绩效不仅包括行为的结果，还包括行为本身，他们认为绩效是组织实现其目标的有效活动及其结果的总和。实际上，绩效的含义是非常广泛的，对于不同的时期、不同的发展阶段、不同的对象，绩效有不同的含义。

从管理学的视角来看，绩效是组织对于预期结果的衡量，表现为组织为实现既定目标而展示出的多层次有效输出。绩效的构成涵盖了组织绩效和个人绩效两个方面。组织绩效聚焦于特定组织的工作成果或成效，通常通过效率、效果和公平性等指标来评估。而个人绩效则侧重于评估个体的工作表现、成绩、态度，以及其所掌握的专业知识和技能熟练程度。值得注意的是，虽然组织绩效建立在个人绩效的基础之上，但个人绩效的实现并不总是直接等同于组织绩效的提升。

绩效管理是一种旨在通过有效使用绩效信息来协助组织设定统一绩效目标、

优化资源配置和决策优先顺序的管理实践。它的核心作用在于为管理者提供关于是否维持或调整目标计划的依据，并跟踪和报告目标完成情况。绩效管理不仅关注组织的当前效益，还注重组织未来的发展和成长。绩效管理作为信息管理和绩效测评的综合体，为公共部门提供了一种重要的资源配置手段。它基于成本效益的考量，致力于提高公共部门的效率，以满足社会和公众的需求。绩效管理为管理层的决策提供了客观、全面的绩效数据支持，有助于更好地实现组织目标、提升整体绩效，并增强组织的责任感。

公共部门绩效管理强调公共部门产出的高效率和公共部门服务的高质量，它是公共部门管理者的主要职责之一。管理者通过绩效管理对组织的活动进行全方位的监测、控制与调整，可以使公共部门持续地改进个人和整体的绩效。公共部门的绩效管理不仅是一种管理工具，也是一种观念和系统。作为一种观念，绩效管理整合了相关的新公共管理和政府再造运动中的多种思想和理念，并构建了自身的制度基础和先决条件；作为一种系统，绩效管理框架从战略规划的角度将多种管理资源系统有效地整合起来，形成了多重价值和多维度的综合性绩效评估体系。公共部门的绩效管理也重视公共管理的价值取向和社会效益，关注管理过程的环境因素和心理因素，关注顾客需求，力图为公共部门提高绩效的改革创造条件。

（二）公共部门绩效管理的特征

公共部门是相对于私人部门而言的。公共部门的核心特征是强调社会利益重于个体利益，社会效益重于经济效益，因此其决策往往是从公众利益出发，而不像私人部门那样直接追求利润的最大化。然而在市场经济中，公共部门的行动并不是以自身为中心，而是与私人部门一起维护市场的稳定和资源配置的效率，是与私人部门分工不同的整个社会资源配置系统的一个组成部门。市场经济中的公共部门作为规则的制定者，并没有能够凌驾于私人部门的特权——其凭借所掌握的货币，而不是暴力权力，与私人部门一起参与市场的竞争和资源的分配；其同样是价格的接受者，而不能超越市场，成为价格的决定者；其同样必须接受立法机关制定的法律框架的约束。公共部门是公共经济活动的重要经济主体，它包括政府、公共企业、非营利性经济组织（例如基金会等）、国际组织、民间社会团体等。其中，政府是公共部门的最主要成员。

绩效管理作为一种活动在公共部门和私人部门都存在。从某种程度上讲，20世纪80年代后兴起的公共部门的绩效管理在很多方面借鉴了私人部门的做法。然而，公共部门与私人部门毕竟是两种不同的部门，两者的绩效管理在环境、目的、功能、理念等方面都存在着差异。

私人部门的绩效管理紧密关联着外部竞争环境，直接映射出市场的需求动态。相较之下，公共部门的绩效管理环境则较少受市场因素影响，其主要推动力源自外部环境的政治压力、社会需求和公众舆论。公众的态度，无论是支持还是反对，都是公共部门实施绩效管理时不可忽视的重要因素。

私人部门绩效管理的终极目标是追求效率的提升和利润的最大化。而公共部门在实施绩效管理时，其核心目标是维护公共利益，通过测量和监督公共产品与服务的效率、效益，以及公众的回应性和满意度来增强公共部门的合法性。公共部门的非营利性质决定了其一切行动必须以公共利益为导向，包括如何高效地利用资源、如何提高公众满意度等关键问题。

在功能层面，私人部门的绩效管理旨在增强市场竞争力，而公共部门的绩效评估则致力于塑造良好的公共形象，追求社会的公平与和谐。绩效管理在公共部门中更多地表现为一种管理服务的职能，是公共部门加强内部管理的重要手段。公共部门通过绩效管理，力求提升服务水平，强化组织管理，并赢得社会的广泛认同。

在激励机制上，私人部门通常以顾客需求的满足和个人绩效的提升为基础，采用物质激励的方式来提高员工绩效。而公共部门虽然也需要满足公众的需求，但其激励机制更多地依赖于晋升和精神层面的激励。

二、公共部门绩效管理的兴起与发展

（一）西方国家公共部门绩效管理的兴起与发展

提高行政效率从来都是行政管理的重要目标。100多年前，美国学者威尔逊开创行政学研究这片新领域时，就宣称他关心的是政府如何能以最高的行政效率和最低的成本做好恰当的事情。100 年后，20 世纪 90 年代西方国家兴起的政府再造运动的核心目标仍是提高政府的效率。效率这个自然科学领域的概念，被引入管理领域，与其说是现代化大生产发展的结果，不如说是商品经济、市场经济的本质使然。因为在企业管理中，效率就是投入产出比率。而这个概念被引入行政管理领域后，就是指行政效果与行政消耗之比。随着政府的职能不断发展、完善，"效率"一词已经包容不了公众对政府的众多要求，由此，"绩效"这个同样在企业管理领域被广泛使用的概念，取代"效率"进入了公共行政与管理领域。西方国家公共部门绩效评估的理论和实践始于第二次世界大战后，盛行于20 世纪七八十年代的西方行政改革国家，尤其是英美等国，在 20 世纪 90 年代得到全面发展。

第二次世界大战期间，学术界对公共部门的绩效评估产生了浓厚兴趣。克来伦斯·雷德和赫伯特·西蒙合著的《市政工作衡量：行政管理评估标准的调查》一书的出版，被视为政府绩效评估研究的起点。在西方发达国家，政府绩效问题的研究与政府管理模式的发展紧密相连。在早期的传统行政模式下，政府绩效的研究深受科学管理运动和一般管理理论的影响。当时，研究者们主要采取技术效率（或称为机械效率）的方法来评估政府绩效。这种方法认为，公共组织和私人组织在管理方法的本质上并无显著区别，因此，效率原则同样适用于政府和企业。

第二次世界大战以来，到 20 世纪 70 年代，西方国家对政府绩效的理论研究和实践都进入了一个新的高潮。由于政府规模的不断扩张，政府绩效问题日益引起人们的关注。1973 年，尼克松政府颁布了《联邦政府生产率测定方案》，使政府绩效评估系统化、规范化。1976 年，美国科罗拉多州通过了第一个《日落法》，规定立法机关要定期审查各级机构和方案，以消除或改造重叠的机构和效率低下的方案。到 1981 年，有 36 个州通过该法律，美国政府绩效评估步入法制化的轨道。

自 20 世纪 80 年代起，政府绩效评估在西方国家得到全面推广与实践。这一时期，传统官僚政治体制下的政府机构普遍面临臃肿、效率低下及资源严重浪费的问题，导致政府管理危机和公众信任危机日益严重。与此同时，理论界出现了新右派思潮，主张减少政府干预，引入私营部门的管理哲学和方法，以企业家精神重塑政府形象。在此背景下，英国的新公共管理运动和美国的政府再造运动相继兴起，新管理主义思潮成为指导西方各国行政改革的重要理论。这一时期，公共管理技术和方法的研究文献大量涌现，涉及战略管理、全面质量管理、标杆管理、目标管理、绩效预算及人力资源开发等多个方面。在公共部门绩效评估方面，经济和效率成为这一时期的核心关注点，力求通过提高投入产出比来实现资源的高效利用。英国在这一领域的实践尤为突出。自20世纪60年代起，英国就开始对公共部门生产力进行测定，并在20世纪80年代实施了数年的大规模"雷纳评审"。这一评审以"解决问题为导向"，强调基于已有知识和经验的调查，为公共部门绩效评估机制的建立奠定了坚实基础。1979年，撒切尔政府启动的"雷纳评审"成为英国绩效评估史上的重要里程碑。随后，英国环境大臣赫尔在环境事务部建立了"部长管理信息系统"。该系统以目标责任制度为核心，实现了资源配置、绩效评估及全面信息反馈的有机结合。1982年，英国财政部颁布的《财务管理新方案》标志着公共部门组织绩效评估的正式推行。该方案要求政府各部门树立绩效意识，制订系统的绩效评估方案，并设立了140个绩效指标，以评估卫生管理部门和卫生服务系统的绩效。此后，英国政府不断完善和更新绩效评估机制，至1989年，中央财政部的报告显示，已有26个中央部门建立了较为满意的绩效评估机制，绩效评估指标数量也达到了2327个。

进入20世纪90年代，公共部门绩效评估在西方各国达到鼎盛时期，其过程也更加规范化、系统化。1993年，美国政府成立全国绩效审查委员会，目标在于"使整个政府降低开支、提高效率"，该委员会发表了《从繁文缛节到以结果为本——创造一个运作更好花费更少的政府的报告》。随后公布的《政府绩效与结果法》可以说是政府绩效评估达到高潮的标志，它要求将绩效评估制度在联邦政府层级制度化，要求联邦机构制订其如何为美国人民提供高质量产品和服务的战略规划和绩效评估制度，所有的联邦政府发展和使用绩效评估技术并向民众报告自己的绩效状况，绩效评估的侧重点是公共服务的质量和效益。根据经合组织的统计，20世纪90年代，除美国和英国外，公共部门绩效评估在加拿大、丹麦、荷兰、芬兰、挪威等国都得到广泛应用。因此，有西方学者认为"评估国"正在西方出现。

（二）我国公共部门绩效管理的探索与实践

我国自改革开放以来，一直非常重视政府的行政效率问题。早在 1980 年《党和国家领导制度的改革》的讲话中就尖锐地指出了官僚主义所带来的机构臃肿、办事拖拉、不讲效率等弊端。1988 年后的历次政府机构改革，都把"精简、统一、效能"确立为改革的基本原则之一。2002 年 11 月召开的中共十六大，又进一步提出了当前我国深化行政管理体制改革的目标，就是要形成行为规范、运转协调、公正透明、廉洁高效的行政管理体制。由此可见，行政效率始终是我国政府机构改革中的重点和难点问题，提高行政效率已成为当前行政管理体制改革的基本目标之一。

自从 20 世纪 80 年代中国恢复行政学以来，行政效率一直是行政学理论研究的核心议题。在行政学的早期阶段，学者们对行政效率的概念进行了明确界定，深入探讨了其基本要素、测量标准和方法，为行政效率的理论研究奠定了坚实的基础。随着行政学的日益成熟，对行政效率的研究也逐渐从单一、局部的视角转向综合、全面的考量。研究者们开始探讨诸如"提升行政效率的途径"和"效率与公平之间的关系"等更为复杂且多维度的因素。这是因为他们普遍认识到，由于政府组织的公共性和多元性特点，相比企业效率，行政效率在测量和指标体系的构建上更为复杂。但是，这种围绕行政管理各个方面探讨提高行政效率途径的综合性研究方法也存在着很大的局限性，突出表现在以下方面：研究方法上以定性描述为主，缺少定量化的测量和评价工具；只有高度抽象和笼统的原则，缺乏相关性、针对性和可操作性。此外，由于长期以来我国政府管理模式仍带有明显的中央高度集权的计划经济特点，西方国家传统行政模式中官僚制度的诸多弊端在我国的政府行政管理中亦有所体现，因此，在行政效率的理论研究方面，我们或多或少也同样遇到西方国家传统行政效率研究中所面临的困境。随着研究的深入，部分学者开始对我国传统的行政效率研究方法进行审视和批判。在广泛借鉴当代西方国家行政改革理论的基础上，政府绩效的概念逐渐融入并丰富了我国传统的行政效率研究领域。与效率概念相比，绩效概念展现了一种更为系统、全面和多层次的视角，它更为精准地衡量了公共管理领域中的实际成就和效果。然而，结合我国行政改革和政府管理的具体实际，对于政府绩效评估方法的系统性理论研究仍须进一步强化和完善。

近年来，随着我国行政体制改革的不断深入和政府管理水平的不断提高，一些地方政府和部门已开始尝试进行政府绩效的管理和评估活动。我国各级地方政府在变革观念、转变职能、调整组织结构和改革行为方式的同时，根据各自的实际情况进行了一系列的管理优化与创新，探索出了一些各具特色的绩效管理形式，举其要者有目标责任制、效能建设、社会服务承诺制、万人评议政府等。其中，目标责任制始于 20 世纪 80 年代，是将组织目标分解并落实到各个工作岗位的管理方式和方法。目标责任制在各个政府层级、政府部门及政府工作的诸多领域得到了广泛的实施。1996 年，中宣部和国务院纠风办决定把宣传和推广社会服务承诺制度作为加强行业作风和职业道德建设的重点工作，建设部、电力部等八个部委率先试行。万人评议政府是地方政府绩效管理的一种新形式和新机制，它以群众满意原则为导向，对政府机关工作进行大众评议。20 世纪 90 年代以来，我国的沈阳、杭州、厦门、南京和宁波等城市相继开展了以"让人民评判，让人民满意"为导向的万人评议政府（机关）活动。

"尽管我国各级地方政府目前的绩效管理还处于探索阶段，但整体而言已迈出了可喜的步伐，取得了一定的成效。客观地说，我国政府绩效评估无论在理论上还是在实践上都还很不成熟，其主要问题有：一是评估主体多为上级行政机关，社会公众还没有真正成为评估的主体；二是从评估的内容看，没有建立全面科学的评估指标体系，片面地将经济绩效等同于政绩，将经济指标等同于政府绩效的评估指标；三是从评估的程序看，操作过程没有规范化和程序化，存在很大的随意性；四是从评估的方法看，多为定性方法，较少采取定量方法，多为'运动式''评比式''突击式'评估；五是从评估的过程看，具有封闭性、神秘性，缺乏透明度与公开性，缺乏媒体监督。"[1]

---

① 竺乾威，朱春奎，李瑞昌. 公共管理导论 [M]. 北京：中国人民大学出版社，2019：188.

尽管仍有批评和质疑的声音存在，但公共和非营利领域的管理者们已经普遍认同，优质的绩效评估系统是一项不可或缺的管理工具。立法机构和政府部门对绩效评估系统的需求正日益增长。因此，当前的核心问题不再是是否需要进行绩效评估，而是如何更精准、高效地设计并实施绩效评估系统。这涉及如何构建一个全面的系统以服务于多样化的管理目标，如何明确绩效评估的内容和对象，如何将绩效指标与整体管理目标紧密关联，如何进行数据的有效收集与处理，以及如何向相关受众准确分析和解释绩效结果。此外，如何确保绩效评估能够切实服务于政策制定并推动绩效提升，也是管理者们需要深入研究的课题。为此，公共和非营利管理者需要不断增进对绩效评估方法和技巧的理解与掌握。

第二节　公共部门绩效管理的过程

绩效管理必须贯穿于公共部门管理活动全过程，包括确立组织的目标，制订实现目标的计划、实施计划、绩效沟通、绩效评估等一系列相互联系、相互依存的基本环节或过程，其核心是实现公共部门的组织绩效。具体而言，这五个环节分别包含如下要素。

一、确立组织的愿景、使命、目标

这是绩效管理的起点。如果一个组织没有明确的愿景、使命和目标，就无法取得组织的高绩效。正如约吉·贝拉所指出："如果根本不知道要去哪儿，那么任何一条道路都可以带你通往其他不同的地方。"[1]

"愿景"，一般用来说明组织的未来发展蓝图和预期目标。"奥斯本和普拉斯特里克认为，建立共同愿景就是为雇员提供试图创造的未来的文字图像（即组织成员对组织所要完成的使命所形成的集体印象），它可以成为帮助组织构筑新的心智模式的有效工具之一。布利森给予'愿景'更宽泛的内涵，它包括：使命；

---

[1]　[美] 戴维·奥斯本，彼德·普拉斯特里克. 摒弃官僚制：政府再造的五项战略 [M]. 谭功荣等译. 北京：中国人民大学出版社，2002：42.

基本的哲学和核心价值；基本战略；绩效标准重要的决策价值；雇员所期望的道德伦理标准。"① 尽管学者们的表述有所差异，但愿景所关注的问题实质包含"我们的路向""我们未来的目标"及"我们的核心价值与道德伦理标准"等要素。这种未来的状况是组织根据自己目前的最佳状态，并依据所有者、管理人员及员工的共同希望或设想所能达到的理想。

"使命"是组织的核心所在，它清晰地描绘了组织的愿景、共同的价值观、坚定的信念及组织为何存在的根本原因。坎贝尔和尤恩对此进行了深入的分析，将使命细分为四个相互交织的部分："首先，目标是组织存在的根本理由，它指引着组织的发展方向；其次，战略则界定了组织在竞争中的独特地位和所拥有的专长能力；再次，价值是组织所秉持的信仰，是组织文化和精神的核心；最后，行为标准是组织专有能力和价值体系在具体行动和政策上的体现。"②

相对而言，愿景是对组织未来相对长远、宏伟的设想和期望，它描绘了一个组织希望在未来达到的理想状态。而使命则更侧重于当前，它明确了组织的核心价值和存在的根本目的，以及基于这些目的所设定的当前目标和活动安排。因此，愿景和使命在组织发展的不同阶段提供了不同的指引和动力。愿景为组织构筑了一个长远的"终点站"图景，它是组织未来发展的蓝图，为组织指明了方向。而使命则作为组织当前行动的基础和指南，确保组织在追求愿景的过程中始终保持正确的方向。明确愿景和使命的性质及其区分，对于公共组织来说至关重要。它不仅能够为组织提供清晰的发展方向和行动指南，还能增强机构领导者的必胜信心，并将这种信心传递给下属员工。

在明确了愿景与使命之后，组织便须聚焦于确立具体的目标。这些目标是对公共组织使命的深化和细化，它们详细描述了组织活动所期望达到的最终结果，涵盖了经济、效率、效益、质量、回应性和责任性等多个方面。目标的设定直接关系到组织绩效管理实施的有效性。实践证明，那些能够显著改进绩效的机构，无一不是高度重视并精心规划组织使命、目标及绩效目标的。

---

① 刘旭涛. 政府绩效管理：制度、战略与方法 [M]. 北京：机械工业出版社，2003：160.
② [英] 理查德·威廉姆斯. 组织绩效管理 [M]. 蓝天星翻译公司. 北京：清华大学出版社，2000：40-41。

公共部门绩效目标根据不同的标准可以分为不同的种类。例如根据目标层次标准，可分为组织绩效目标（总目标）、分部门目标（次目标）和个人绩效目标；根据时间标准，可分为长期绩效目标、中期绩效目标和短期绩效目标；根据目标领域标准，可分为政治绩效目标、经济绩效目标、文化绩效目标和社会绩效目标。

目标的制定须遵循"SMART"原则。"SMART"分别是五个英文单词的首字母，它们的具体含义如下：第一，必须明确具体（Specific），而不能含糊其词。第二，必须是可以度量的（Measurable）。通常，各种指标可以被量化考评，提出的指标应具有时间、数量、质量、成本等方面的衡量标准。如果无法设定类似的指标，可能会成为无效指标。但是有价值的未必都可以量化考评，有的需要通过非量化指标来衡量。第三，必须是可达到的（Attainable）。目标应当具有挑战性，但也必须是合理地通过努力可以实现的，而不是难以达到的。第四，面向结果的（Results-Oriented），而不是面向过程的。第五，必须有时间限制（Time-Bound），即要求目标在一定时间期限内完成。

除了"SMART"原则，制定目标时还可以参考四个原则。第一，①顾客导向性原则。公共部门的核心目标是实现顾客满意度。所设定的目标应当直接或间接地指向为顾客创造更多有价值的产出，否则将被视为无意义的工作成果。第二，聚焦重点原则。在设定绩效目标时，须确保指标的数量合理且分布均衡，同时重点聚焦在对于组织发展至关重要的关键指标上。第三，一致性原则。目标的设定必须紧密贴合组织的使命和愿景，确保与组织整体战略方向保持一致，而非仅适用于某个特定部门或单位。第四，中远期与短期目标协调原则。在明确组织的愿景、使命和目标后，应当确保全体员工对此有深入的理解和认知，以培养和增强员工的使命感、责任心、认同感和归属感，激励他们为实现组织目标而全力以赴。

二、制订绩效计划

绩效计划是绩效管理中非常重要的环节。正如哈罗德·孔茨指出："计划是从我们现在所处的位置达到将来预期目标之间的一座桥梁。它把我们所处的此岸和我们要去的彼岸连接起来，以克服这一'天堑'。有了这座桥，本来不会发生的事，现在就可能发生了。虽然我们很少能够预知确切的未来，虽然那些超出了我们控制的因素可能干扰制订最佳的计划，但是除非我们有计划，否则就听凭自然了。"①

制订公共部门绩效计划，必须全面收集相关信息，并运用 SWOT 分析法，认真分析组织的内外环境，发现机会和威胁，分析组织的资源，识别优势和劣势，在此基础上制定达到目标的恰当战略（策略）和方法。其基本程序包括以下四个环节：第一，分解细化组织的中长期目标，使其成为可以通过行动分步骤分阶段实现的一系列明确的任务和进程；第二，收集相关信息，充分了解公共部门运行的内外环境；第三，进行科学预测，并设计出多种可能的行动计划备选方案；第四，对各种备选方案及其后果进行比较和评价，然后选择确定最令人满意或最可行的计划方案。

三、整合组织资源和实施计划

在绩效计划确定之后，接下来的关键步骤是对组织内外的资源进行高效整合，以实现资源的优化配置，确保绩效计划能够顺利执行并取得卓越的业绩。整合组织内部资源主要包括以下五个方面：第一，优化组织结构和人员配置：打破传统官僚制的束缚，设计更为合理、高效的组织结构和流程，并为关键职位选拔和配备具备相应能力和潜力的员工。第二，改革人事管理制度：建立一种以结果为导向、灵活多变且激励性强的公共人力资源管理制度。第三，财政管理制度的革新：改革传统的财政拨款方式，将拨款依据从单纯的投入转向实际的工作结果和绩效表现，实现财政资源的更高效利用。第四，建立全面的管理信息系统：构建包括运作和资金预算、会计、报告和统计制度、绩效评估和产品评价等在内的全方位管理信息系统，为组织决策提供准确、及时的数据支持。第五，重塑组织文化：从原有的规则导向型文化转向更加顾客导向型文化，强调以顾客需求为中心。

---

① 张泰峰，［美］Eric Reader. 公共部门绩效管理［M］. 郑州：郑州大学出版社，2003：84.

整合组织的外部资源主要包括如下方面：第一，处理好与同属于共同上级权力机关的其他外部单位的关系。在一个大型组织中，大多数单位的负责人为完成本单位的目标，必须处理好与上下左右其他单位之间的关系。第二，处理与独立组织的关系。来自政府其他部门、不同层级的政府、利益集团以及私人企业的机构，都会对组织实现自身目标的能力产生重要影响。第三，处理好与新闻媒体和公众的关系。组织计划的实施需要他们的支持、赞成或默许。

绩效计划的实施也是一个动态过程，因而必须重视反馈控制，持续优化和强化绩效管理应变能力。在绩效计划的实施过程中会出现许多新问题和新情况，预期效果与执行效果之间的差异，甚至较大的差异都可能出现。因此，在绩效计划实施的过程中必须积极跟进，依据执行反馈情况不断调整修正原来所选择的策略，以利于更有效地接近和达到既定目标。

四、动态持续的绩效沟通

动态持续的绩效沟通是公共部门运作中不可或缺的一环，它涉及领导者、管理者、员工及公众的共同参与。这一沟通过程聚焦于绩效管理相关信息的分享与反馈，涵盖工作进展、潜在或现实问题及解决策略等多个方面。在绩效计划的执行阶段，维持这种动态沟通显得尤为关键。通过有效的绩效沟通，组织各方能够实时获取并理解相关信息，迅速识别并应对潜在问题，从而最大限度地提升整体绩效。

公共部门的领导者和管理者需要密切关注计划的执行情况，及时识别并解决障碍，必要时对计划进行调整。同时，公共部门也须积极与外部环境进行持续沟通，确保公众能够获取到关于政策、法律、服务种类和程序等关键信息。此外，公共部门还应向公众反馈其工作进展和履职情况，包括是否按照预定轨道实现目标和绩效标准。如果发生偏差，公共部门应公开说明需要采取的措施及可能导致的目标和工作任务调整。在此过程中，公共部门应积极倾听并回应公众的批评和建议。公众作为服务的主要接受者，其反馈对于提升服务质量和满意度至关重要。公众应及时向公共部门传达对政府发展策略、计划、政策的看法，以及对服务种类、质量、满意度等方面的建议和申诉。

绩效沟通的方式包括正式沟通和非正式沟通，自上而下的沟通、自下而上的沟通，以及双向沟通等。正式的沟通是依据事先计划和安排的程序进行，包括定期的书面报告，定期或不定期的公共部门领导人、管理者与员工的会谈或会商，定期或不定期的新闻发布会，部门或团队简报，定期或不定期的听证会等。非正式的沟通如访谈、问卷调查、走动式管理、征集建言和民意测验等。在绩效沟通的实际过程中应依据实际情况灵活运用多种方式，并运用现代管理理念和现代技术改善沟通状况，提高绩效沟通成效。

五、绩效评估

公共部门最终能否实现预期目标及实现的程度，需要进行绩效评估来进行判定。绩效评估在绩效管理过程中居于核心的地位，也是绩效管理过程中难度最大、最有争议性的一个阶段。要进行绩效评估，首先要确立绩效衡量的标准及指标体系，然后才能依据标准及指标体系进行绩效评估。

（一）绩效评估的一般标准及其指标体系

公共部门绩效评估一般采用"4E"标准，即经济（Economy）、效率（Efficiency）、效益（Effectiveness）和公平（Equity）。

经济标准主要侧重于评估成本的最小化及资金使用的合规性，其核心在于确保公共物品和服务的提供能够以最小的投入或成本实现。这一标准聚焦于成本节约，目标是降低政府运行或某项服务的总支出至最低水平。

效率标准则专注于评估在给定投入下所能产生的结果。它衡量的是投入（资源的使用）与产出（服务或公共产品的提供）之间的比率关系。高效率意味着以最少的投入实现产出的最大化。提高效率的途径可以是在固定投入下实现更多的产出，或是在达到特定产出量时减少投入。

效益标准则关注在特定工作量完成后，原有状况是否得到实质性的改善。它聚焦于产出的社会效果，包括产出的质量、公众的满意度及社会受益的程度。这一标准通过衡量产出与成效之间的关系来评估公共服务的实际效果。

公平标准关注接受服务的群体或个人是否获得公平的待遇，尤其是那些需要特别照顾的弱势群体是否能够得到更好的服务。它指效果（如服务的数量或货币化的收益）与努力（如货币成本和其他资源的投入）在社会中不同群体内的公平分配。

虽然在现实生活中公平难以衡量，但下列原则可以作为指导：一是帕累托标准：在使一个人境况变好的同时，不能使另外的人变得更糟，以保障最低福利。二是卡尔多-希克斯标准：应使在效益上的净受益者能补偿受损者，以保证净福利的最大化。三是约翰·罗尔斯提出的再分配的标准：使处于恶化条件的社会成员的收益增加，以实现再分配福利最大化。

尽管已对绩效评估标准进行了初步探讨，但这些标准在实际应用中仍显得较为抽象，更多的是作为指导性的基本理念存在。为了更准确地评估公共部门的绩效，需要依据"4E"标准（经济性、效率性、效果性和公平性）来设计一套明确、具体、多维度、多层次的绩效指标体系。这套指标体系通常涵盖以下六种类型的指标：投入指标，用于衡量某一项目所消耗的资源，如为提供某项服务所投入的资金总量或员工工时总和；能力指标，评估机构提供服务的能力，包括培训程度、设施状况、系统能力储备等，有助于部门评价自身在资源配备和内部运营方面的实力；产出指标，报告为服务人口所提供的产品数量或服务单位，直接反映服务产出的规模；工作量指标，衡量生产某种产品或提供某项服务所需的努力程度，例如员工工作量、工作时长等；结果指标，体现项目和服务的结果，既包括定量数据，如服务覆盖人数、完成率等，也包括定性评价，如公众满意度、服务效果等；效率和成本效益指标，评估项目实现的效率和成本效益，通过对比投入与产出来评价项目的性价比。生产力指标，结合效益与效率指标，综合评估公共部门在提供服务或产品时的整体表现，体现部门的工作效率和效果。

由于公共部门组织及其运行的特殊性，如不同机构或部门的性质任务有很大差异，以及很多公共服务项目难以量化等，要设计出一套适合于公共组织所有部门或机构的指标体系有很大难度。因此，不同的机构或部门应有不同类型的绩效指标体系。"卡特、克莱因和戴伊指出，考虑到政策目标的不同，就应该有不同种类的绩效指标系统。例如如果主要关注的是公共资源的使用效率，那么重点就将放在设计产出（和结果，如果可能的话）的标准方面。如果主要关注的是责任，那么就会出现一个与上述情况十分不同的重点：测定为公众提供服务的程序性指标——它们的有效性和时间性——也许相关性更大一些。如果把注意的焦点放在管理者的能力上，那么就应将重点放在为个别单位或部门设定绩效目标方面。"①

为了获得更好的绩效评估指标体系，政府各机构或部门还必须根据本单位的实际情况，并通过借助以下比较方式来进行设计：其一是目标比较。依据政策成果或预算目标来进行绩效分析，使得绩效指标更有针对性。其二是时间比较。以一定的时间周期为单位，进行纵向回溯，比较相同组织的历史记录，以进行深度分析评估。其三是单位之间比较，包括进行一个部门内部不同单位间的比较和政府内部不同部门间的比较。其四是外部比较。在可比的情况下，将政府部门的绩效与第三部门或私营部门进行对照比较，以利于相互借鉴、取长补短。

（二）绩效评估主体的多元化

"对公共部门的运行绩效，不能只由政府部门自己来评估，也不能只由上级管理部门来评估，而应是由多元评估主体来进行评估。这包括提供公共服务的部门自身的评估、公共部门内部顾客的评估、上级管理部门的评估、外部顾客的评估（社会公众与利益群体等）立法部门的评估及第三方专业机构评估等，并以服务对象的满意度作为最终评价依据。企业如此，以服务公众、增进公共利益为导向的公共部门更不能例外。"②

（三）绩效评估方法的多样化

由于公共部门价值目标的多元性，以及各内部机构价值目标的差异性，评估公共部门绩效的实现程度必须在考虑公共部门特定目标与利益相关者状况的前提下，灵活运用多种评估方法。一般而言，绩效评估方法可分为以下几种类型。

产出测量法：此方法专注于量化公共部门所从事工作或提供的服务数量。例

---

① ［澳］欧文·E. 休斯. 公共管理导论［M］. 彭和平等译. 北京：中国人民大学出版社，2001：214-215.

② 黄健荣. 公共管理导论［M］. 南京：南京大学出版社，2013：325.

如通过收集并统计垃圾的吨数来评估垃圾收集服务的产出。

单位成本或效率测量法：这种方法侧重于计算所提供产品或服务的单位成本，以评估其经济效益。例如分析每个居民区垃圾收集服务的成本，以评估其效率。

结果测量或有效性测量法：该法旨在对项目目标的实现程度、需求的满足程度及预期效果的实现程度进行量化评估。它关注实际成果与预期目标的对比。

服务质量测量法：这种方法基于价值评价管理对顾客需求和期望的响应程度，如服务的时效性、准确性和礼貌程度。尽管某些服务响应可以客观测量，但服务质量是否达标往往涉及主观判断。

公民满意度测量法：通过统计调查或收集客户反馈，评估公民对公共服务的满意度。这可以通过统计客户对服务的评价，或统计项目管理者收到的客户不满意见的数量和程度来实现。

副作用测量法：此方法旨在尽可能估算项目可能产生的非预期结果或副作用，以全面评估项目的影响。

分配测量法：关注项目对受益者和成本承担者之间产生的不同影响，评估资源的分配效果和公平性。

无形测量法：此方法试图通过定性分析来评估项目对社会层面的影响，这些影响可能难以量化，但同样重要。

杠杆测量法：依据其他类似单位或本单位的历史实践，找到"最佳实践"的标准，并将这些标准作为衡量当前绩效的参照点。

成本-效益测量法：该方法将项目的结果或产出与其所消耗的成本进行比较。

第三节 公共部门绩效管理的方法

开展公共组织绩效评估，要运用科学的方法来检查公共组织的工作成绩，在绩效管理实践中，人们已经创设了多种绩效管理方法。这里主要讨论360度绩效评估反馈法、平衡计分卡、标杆管理法三种绩效管理方法。

一、360 度绩效评估反馈法

360 度绩效评估反馈法是 20 世纪 80 年代由美国爱德华兹和伊文等学者在对一些企业组织不断研究的基础上发展而成的，是一种从多个角度获取组织成员行为观察资料的方法。其最大的特点是充分利用与被评价者相关的多方面信息渠道进行评价，并强调评价后的反馈，以促进被考核者的发展。

（一）360 度绩效评估反馈法的基本思想

所谓 360 度绩效评估反馈法是指在一个组织中，通过所有了解和熟悉被评价者的人，即由同事、上级、下级、顾客及其他部门人员作为评价者来评价员工绩效，然后对来自多方位的信息进行综合分析和判断，形成最终评价结果。360 度绩效评估反馈法综合运用了多学科理论和技术，从多个角度对组织及个人绩效进行评估。

在 360 度绩效评估反馈法中，不同的评估主体具有各自的优缺点。

1. 上级评估

上级是被考评者的直接主管，也是绩效评估中最主要的考评者。上级评估的优点是：直接领导者通常处于最佳位置来观察员工的工作业绩，目标导向明确、了解业务内容、负有管理责任，下属发展与管理者的评估紧密相连。上级考评的弊端在于：可能会强调员工业绩的某一方面而忽视其他方面，可能不完全了解员工的绩效。

2. 同事评估

同事是与被评估者并肩工作的伙伴，他们在日常工作中与被评估者紧密互动，因此能深入观察和了解被评估者的工作态度、勤奋程度及工作能力。同事评估的优点在于，长时间的共事使他们彼此之间有着丰富的业务和个人了解，这种了解使得评估结果更为客观。此外，同事间的评估还有助于加强团队的协调性和团结性，同事间的压力也能成为激励成员进步的有利因素。然而，同事评估也存在一些缺陷：首先，实施评估通常需要投入大量的时间；其次，有时候某些同事可能会出于各种原因故意贬低被评估者，这可能导致评估结果的不公正和偏颇。

3. 自我评估

被评估者本人对自己的工作表现进行自我反省和评价，其内容一般包括工作总结、经验教训和自我评价。它的优点是：通常会降低自我防卫意识，从而了解自己的不足，进而愿意加强和改进，可以增强员工的自我管理意识和积极主动性。它的缺陷是：寻找借口为自己开脱，隐瞒或夸大实际情况，一般人对自己的评估结果都高于其他人。

4. 下属评估

下属对上级进行工作绩效评估是一种特殊的评价方式。其优点在于：下属通常处于一个相对有利的位置，能够直接观察到领导的管理效果，并据此提供宝贵的反馈。这种评估有助于诊断高层管理者的管理风格，促进管理效能的提升。同时，来自下属的反馈信息能够为上级提供独特的视角，有助于上级更好地了解自己的工作表现。它的缺点是：个别下属可能故意贬低被评估者，员工可能担心遭报复而舞弊。

5. 顾客评估

顾客评估就是请那些与组织有利益关系的人，或是组织服务接受者来对组织的工作绩效进行评估，听取他们对组织的意见。顾客评估的优点是：可以获得来自组织外部的信息，从而保证较为公正的评估结果。它的弊端是：实际运用时往往不太容易获得客户的支持。

（二）360度绩效评估反馈法实施的条件

实施360度绩效评估是一项系统工程，我们在实施360度绩效评估反馈法的时候一定要谨慎，确保组织已经具备了实施的基本条件。这些基本条件有以下四条。

第一，360度绩效考评应当被全面融入组织的员工发展计划之中，以促进每位员工的个人成长与职业发展。我们应当避免将其仅视为一种惩罚手段，也不应仅针对表现不佳的员工使用。此外，360度绩效考评并非仅限于组织内的基层员工，高层管理人员同样应当接受此考评。

第二，选择使用360度绩效考评工具时，应当把握最佳时机。当组织面临士气低落、过渡阶段或遭遇困难时，可能并不适合立即引入这一工具。同时，在采用360度绩效考评时，应当逐步与其他现存的考核方法相结合，而非直接替代其他常规的绩效考评方式。

第三，确保保密性。不要让员工知道都有哪些人参与了对他的评价，特别是这些人都对他做了怎样的评估，这样可以避免一些麻烦。

第四，实施前要努力营造360度评估反馈的氛围。让相关人员都相信360度绩效评估反馈，相信反馈的结果将被用于个人和组织的发展，而且对所有人是公平的。那么在评估中，应选择评估者和被评估者都非常信任，并且对360度绩效评估反馈法非常熟悉的人来从事这项工作。

二、平衡计分卡

"平衡计分卡"的概念是美国哈佛商学院的卡普兰和诺顿教授于1992年在《哈佛商业评论》上发表的文章《平衡计分卡——业绩衡量与驱动的新方法》中首先提出的，在1996年出版的《平衡计分卡：把战略转化为行动》中又给予了系统的阐述。他们主张建立一种新的、平衡的、全面的业绩评估体系。平衡计分卡强调组织内部业绩和外部业绩、当下业绩与潜力业绩评估的结合，强调目的性指标与手段性指标的统一。政府运用平衡计分卡法，能较好地把政府对社会发展所承担的眼前责任与长远责任有机地结合起来，建立既注重眼前利益，又关注长远发展的绩效评估指标体系。

（一）平衡计分卡的基本思想

平衡计分卡是一个综合评价组织长期战略目标的指标评价系统，平衡计分卡方法认为组织绩效应该从以下四个层面进行度量。

1. 财务层面

在以经济效益为中心的组织，组织绩效是组织经营业绩的最终表现，组织所有的改善都应该通向财务目标。组织各方面的改善只是实现目标的手段，而不是目标本身，组织所有的改善最终归于财务目标的实现。在以经济效益为中心的组织，财务绩效是组织经营业绩的最终表现，组织所有的改善都应通向财务目标。组织经营的直接目的和结果都是为股东创造价值。

2. 顾客层面

许多组织在专注于提升内部能力时，往往忽视了对客户需求的深入洞察。等到发现时，竞争对手已经凭借更符合客户偏好的产品和服务占领了市场。为了有效应对这一问题，平衡计分卡提供了两套针对客户方面的评价方法：第一套评价方法聚焦于组织期望在客户层面实现的绩效目标，通过设定诸如顾客获得率和顾客满意程度等关键指标来衡量。这些指标帮助组织明确在客户心目中的定位，并指导组织在产品和服务上进行有针对性的改进。第二套评价方法则是对第一套评价方法中设定的目标进行逐层细化，形成具体的绩效考核指标。这两套指标之间存在着因果和递进的关系。第一套指标作为评价指标，为组织设定了客户层面的目标；而第二套指标作为操作性指标，则为组织提供了实现这些目标的具体路径和方法。

3. 内部流程层面

组织改善经营绩效需要从内部业务流程中获得支持，从组织、流程、管理机制等方面寻找优势和不足，内部流程应该从以上方面着手，制定考核指标。

4. 学习和成长层面

组织的学习与成长过程是驱动其持续发展的关键，并为平衡计分卡所关注的财务、客户、内部流程三个方面提供了强有力的支撑。平衡计分卡的实施目的及核心特点之一便是预防组织的短视行为，着重强调对未来投资的重视，并深入分析组织当前能力与满足市场需求之间的差距。为此，平衡计分卡设定了一系列关键指标，包括培训投入、员工满意度，以及信息传递与反馈的时效性。

（二）公共组织平衡计分卡的应用

平衡计分卡并非仅限于企业使用，它同样适用于企业组织以外的各类组织，作为战略管理和绩效评估的有效工具。然而，引入平衡计分卡是一项需要深思熟虑的决策，因为实践表明，为了确保其真正发挥效用，通常需要两年以上的时间周期来逐步实施。在实际应用中,平衡计分卡必须紧密结合组织的独特经营特点,并全面考虑各种内外部影响因素,从而制定出符合组织发展需求的定制化指标体系。通常应用平衡计分卡来建立指标体系时,需要经过以下三个阶段。

1. 设计阶段

本阶段的主要任务是依据组织的战略目标,结合组织的长短期发展的需要,设计出平衡计分卡的各方面指标。并对所设计的指标要自上而下、从内部到外部进行交流,征询各方面的意见,吸收各方面、各层次的建议。

2. 应用贯彻阶段

这个阶段是应用平衡计分卡的关键阶段,在实施时需要注意以下两个方面的工作:一是将平衡计分卡往下属部门分解的问题;二是将各级部门及员工的薪酬与平衡计分卡的各项指标紧密结合起来,从而能够最大限度地调动部门经理及员工的积极性。

3. 完善与提高阶段

在引入平衡计分卡时应做到以下三方面:首先,严格审视其指标体系设计是否科学,确保它能真实地反映组织的实际情况;其次,应密切关注在采用平衡计分卡后,业绩评价中可能存在的不足之处,确保评估的全面性和准确性;最后,对于已设计的指标中不合理的部分,应及时予以取消或改进,确保指标体系的准确性和有效性。

作为拥有公共权力,致力于为社会和公众提供公共产品和服务的政府部门,其绩效具有显著的特性,如产出内容的非物质性、受益对象的非特定性、实现过程的非市场性及获益效果的滞后性等。因此,在政府部门应用平衡计分卡时,必须基于这些内在属性和政府绩效评估的特殊要求,对平衡计分卡的结构和指标进行有针对性的修正和调整。

三、杠杆管理法

标杆管理法是由美国施乐公司于 1979 年首创。它是现代西方发达国家企业管理活动中支持企业不断改进和获得竞争优势的最重要的管理方式之一。如今,目标管理已经应用于库存管理、质量管理、市场营销、人力资源管理、教育部门管理等各个方面，并不断拓宽新的应用领域。进入 20 世纪 90 年代，标杆管理法被引入政府公共组织管理领域，很快引起了人们的关注，并成为推动公共组织绩效管理的一项重要的管理模式。

(一) 标杆管理法的基本思想

标杆管理法，由美国生产力与质量中心所定义，是一个系统化和持续性的评估流程。其核心在于不断地将企业自身流程与世界领先企业进行对比，以获取优化经营绩效的宝贵信息。本质上，标杆管理法是一个目标明确的学习过程，组织致力于寻找和研究一流公司的最佳实践，随后在自身与这些行业佼佼者之间对关键绩效行为进行细致的比较与评价。通过深入分析绩效差距的成因，组织能够重新思考并进行必要的改革，最终创造出符合自身特点的最佳实践程序与方法。

(二) 标杆管理法的实施过程

经典的标杆管理法的实施步骤是由施乐公司的罗伯特·开普首创，他是标杆管理法的先驱和知名的倡导者。他将标杆管理活动分为五个阶段，每个阶段又由两个至三个步骤组成。

第一，计划：确认哪个流程进行标杆管理；确定用于做比较的公司；决定收集资料的方法并收集资料。

第二，分析：确定自己目前的做法与最好的做法之间的绩效差异；拟定未来的绩效水准。

第三，整合：就标杆管理过程中的发现进行交流并获得认可。

第四，行动：制订行动计划；实施明确的行动并监测进展情况。

第五，完成：全面整合各种活动；重新调整标杆。

一般来说，标杆管理法包括找出关键绩效指标、确定绩效管理的标杆、优化关键绩效指标、实现绩效超越目标等主要环节。标杆管理法实质是一个不断认识和引进最佳实践、学习他人、改进和完善自己，以提高组织绩效的过程。

（三）标杆管理法在公共组织绩效评估中的应用

首先，标杆管理法在改进公共组织绩效评估标准方面发挥了显著作用。传统的政府绩效评估往往局限于本部门内部的历史绩效和预算等标准，这种内部比较的方式缺乏足够的可比性。而标杆管理法则鼓励政府部门将主要精力从内部竞争转向外部竞争和长远发展，通过与全国范围内具有最佳绩效的部门进行比较，大大扩展了政府绩效评估的比较范围。这种外部对标的方式有助于政府部门更加关注自身的长远发展。

其次，标杆管理法对公共组织绩效指标的改进也具有积极的影响。标杆管理法的指标体系相对全面，不仅涵盖了传统的经济层面指标，还纳入了政府提供的公共产品和公共服务方面的非经济层面指标。更重要的是，标杆管理法注重将非经济指标进行量化处理，如将"群众满意"这一抽象概念转化为具体的"公众投诉率"或"公众满意率"等指标，尽量用具体的数据准确地反映政府部门的行政绩效。

再次，标杆管理法利于公共组织绩效的及时提高。在标杆管理法中，比较和评估完全融为一体，在每一个实施阶段完成后都把结果与确定的标杆相比较，找出差距，以对下一阶段的行动做出调整，直至最后达到标杆水平，进而去实现更高的标杆。这样可以充分发挥标杆的引导和激励作用，保证政府活动方向的正确，有利于政府绩效的及时改进。

最后，标杆管理法对公共组织绩效评估总结的改进具有深远影响。在绩效评估的总结性工作中，差异分析是不可或缺的一环。然而，传统的差异分析主要聚焦于将收入或成本的目标水平与实际水平进行对比，并计算差异，但往往只停留在财政数据的表面，未能深入挖掘这些差异背后的真正原因，也无法明确决策者行动的影响。而标杆管理法为公共组织提供了一种全新的视角。它鼓励政府部门与那些绩效卓越的同类机构进行比较，并通过持续学习和自我改善来缩小差距。在此过程中，标杆管理报告本身就成为一份全面而深入的绩效评价总结报告。此外，标杆管理特别注重细节的比较，使得政府部门能够更为精准地发现绩效差异背后的关键因素。

标杆管理法在公共组织绩效评估实践中的具体应用，要在选择标杆、学习标杆、改善工作绩效、发掘新标杆的不断往复过程中因时因地稳妥进行。尤其要注意其指标灵活全面但随意性强、对评估人员要求高等方面的问题，不能落于管理主义片面追求组织绩效的窠臼，而忽视对很多无明显绩效的公共产品和服务的提供。

第四节　数字赋能公共部门绩效管理

一、数字经济时代公共部门绩效管理的特征

公共部门传统的绩效管理模式主要将目光聚焦于管理目标、绩效考核、绩效数据收集、绩效考核结果等方面。与传统公共部门绩效管理相比，数字经济时代的公共部门绩效管理在管理目标、数据收集、绩效分析、结果使用等方面都有显著差异。

（一）以前期结果为绩效目标预测方向

传统的公共部门绩效管理方法往往侧重于事后控制，依据绩效考核的结果对相关人员给予奖励或追责。然而，在数字技术的赋能下，公共部门的绩效管理正朝着预测与改进的目标方向迈进。这一转变得益于大数据技术和人工智能（AI）技术的广泛应用，它们不仅能够对过去和现在的绩效数据进行全面收集与深入分析，还能够基于这些数据对未来绩效进行合理预测。通过这种前瞻性的管理方式，公共部门可以更有效地推动绩效目标的实现。

（二）数据来源更广泛

"公共部门传统的绩效管理模式主要以绩效考核指标为重点进行绩效管理数据收集，数据收集方式单一，收集面相对较窄，数字技术驱动下的公共部门绩效管理可以将所有相关数据尽数收集。也就是说，我们不必为了收集绩效数据而收

集数据，各种互联网、物联网、部门局域网无时无刻不在收集海量数据，这些零散化的数据可以通过分析处理进行二次利用。公共部门绩效管理者可以利用大数据技术将部门日常运作中的各类数据进行收集处理，用于公共部门绩效管理数据来源。这样不仅可以拓宽公共部门绩效管理数据来源，还可以有效降低公共部门数据收集成本，提高公共部门绩效管理数据的准确性。"[①]

（三）绩效管理循环周期短

公共部门传统的绩效考核往往是每年进行一到两次，且绩效考核结果存在滞后性，造成各部门绩效考核的时效性和统计部门的统计滞后性存在矛盾。数字技术赋能公共部门绩效管理，管理者可以每时每刻实时进行绩效数据统计考核，可以利用大数据收集功能，将公共部门日常运行中产生的大量数据自动转化成部门绩效管理数据，可以明显缩短公共部门绩效考核周期，增强公共部门绩效管理数据时效性。

二、数字技术在公共部门中的应用

自 1993 年国家启动"三金工程"以来，我国公共部门管理开始与大数据技术深度融合，这一重要举措显著加速了我国公共部门的数字化改革进程。据联合国电子政务调查报告显示，中国的 EDGI 指数[②]处于较高水平。EDGI 是衡量联合国成员国电子政务发展水平的关键量化指标，主要受电信基础设施指数、人力资源指数和在线服务指数三大因素影响。其中，在线服务指数来源于调查问卷数据，而其余两项指标则通过加权平均计算得出。中国的高 EDGI 指数反映出近年来我国在电信基础设施覆盖面积上的大幅增长，在线服务水平的显著提升，以及电子政务体系的显著发展。然而，据早稻田大学国际数字政府评估显示，尽管我国政府在开放数据方面取得了显著进步，但整体数字政府评估排名却较上一届有所下降，这表明我国的数字政府体系仍存在较大的优化空间。

[①] 张家宁. 浅析数字赋能公共部门绩效管理 [J]. 营销界，2023（8）：158.
[②] EGDI 是电子政务三个重要维度上三项标准指数的加权平均数，包括数据通信基础设施指数（TII）、人力资源指数（HCI）和在线服务的范围和质量指数（OSI）。

目前，我国许多城市都对大数据技术下的绩效管理路径进行了探索与研究，例如北京市实施了"接诉即办"政府治理模式，贵州省提出了大数据与实体经济相融合的绩效管理模式，杭州市开展了数字驾驶舱绩效管理模式，这些都是对大数据背景下公共部门绩效管理的有益探索。

三、数字赋能公共部门绩效管理中存在的问题

公共部门已逐渐将绩效管理与数字技术相结合探索部门绩效管理模式，数字技术与公共部门绩效管理相融合已成为公共部门现代化管理的发展方向。我国公共部门数字化绩效管理尚处于初步探索阶段，在实际应用中存在一定的问题与不足。

（一）缺乏数字化绩效管理人才

在数字化时代，公共部门在提供公共用品服务及管理内部人员时，都迫切需要大数据专业管理人员的参与。这些数字化绩效管理人员不仅需要具备绩效指标的制定、考核和规划等传统管理能力，还必须掌握数字化管理技术和信息化操作技能。然而，由于我国公共部门的数字化改革起步较晚，数字化体系结构建设尚不完善，同时具备这两种管理能力的新型数字化绩效管理人才相对紧缺。此外，部分公共部门管理者对大数据技术与公共部门管理相融合的理念认知不足，他们长期受传统行政管理模式的影响，习惯于单向沟通、垂直管理和经验导向，未能充分认识到大数据在提升公共部门绩效管理科学性、促进政府管理体系和治理能力现代化方面的重要性。这种认知上的不足，在一定程度上制约了大数据技术在公共部门绩效管理中的广泛应用。

（二）绩效信息透明度不高

公共部门绩效数据信息是公共部门绩效管理的基础，是推动部门绩效管理良性循环的重要因素，公共部门绩效信息开放的最终目的是打造服务型公共部门。公共部门绩效信息公开，是提升公共部门整体治理能力，激发管理人员活力和创造力的关键。公共部门绩效信息公开，有利于社会公众及时了解公共部门实际运

行情况，对公共部门绩效做出科学评价。目前，部分公共部门在信息公开中存在诸多问题。首先，部分公共部门绩效数据公开制度不够完善。我国关于公共部门数据公开的官方解释只有《政府信息公开条例》。其次，部分公共部门绩效数据公开质量有待提升。再次，部分公共部门在绩效数据统计与整理方面缺少统一标准，导致不同部门公开的绩效数据不一致，无法反映政府运行真实情况，使公众对公共部门公开的数据产生怀疑。最后，部分公共部门绩效数据公开缺乏双向反馈机制。数据开放是政府公共部门到公众的单向信息流，部分公共部门数据信息没有基于公众需求推送相关信息，公共部门信息开放机制不够完善，造成公共部门绩效信息透明度不高。

（三）绩效管理数据缺乏共享性

目前，我国各级公共部门各自选用不同的绩效考核系统。这些系统因底层技术框架各异，导致不同层级间的绩效数据无法实现互通，进而造成各层级绩效信息存在显著差异，严重阻碍了公共部门各层级、各部门之间绩效数据的共享与交流。此外，我国部分基层公共部门存在人员借调现象，导致员工编制单位与实际用人单位在绩效考核数据上缺乏有效对接。双方对借调人员的绩效考核往往持保守态度，这种现状不仅影响了借调人员的工作积极性，也对公共部门整体绩效的提升造成了不利影响。

四、数字赋能公共部门绩效管理对策分析

（一）强化数字化人力资源管理理念

人才作为推动发展的核心力量，对公共部门绩效管理水平的提升具有决定性作用。在数字化时代，公共部门的人力资源管理者不仅需要具备传统的人力资源管理经验与方法，还必须掌握现代化信息设备的操作能力和数字化人力资源管理能力。因此，公共部门应当积极致力于培养人力资源管理者具备数字化管理思维。这意味着要从根本上改变传统保守的管理观念，摒弃落后的管理思维与方式，转而科学运用数字化管理设备，并采用先进的数字化管理策略。通过这些努

力，公共部门能够实现对人力资源的合理配置和有效协调。

在数字赋能公共部门绩效管理过程中，公共部门管理者也应当同步强化管理思维，积极响应部门的数字化绩效管理工作。公共部门管理者先进的思维方式和数字化管理态度可从根本上推动部门的信息化管理。大数据时代，公共部门绩效考核应采取自上而下与自下而上相结合的方式，既要确保基层管理人员具有数字化管理意识，又要增强管理者的数字化思维。因此，公共部门管理者应积极推动部门人力资源管理的数字化转型，拓展公共部门内外部数字化管理培训渠道，为公共部门的数字化管理提供高素质的管理人才。

（二）创新公共部门数字化人事管理机制

首先，公共部门在构建人力资源晋升体系、人事岗位调整体系及人事管理奖惩机制时，应紧密结合部门特点、地域特色等实际情况，有针对性地制定一套数字化管理与绩效考核相结合的奖惩机制。这不仅能够确保体系与实际情况高度契合，还能提高人力资源管理的精准度和效率。

其次，公共部门的绩效考核结果应直接关联到员工的个人晋升和奖惩。绩效管理者可以借鉴工商部门的成功经验，结合公共部门的实际，构建一套精神与物质双重激励的绩效管理体系。这样的体系能够充分激发员工的工作热情，提高整体绩效水平。

再次，在人力资源管理机制改革中，公共部门绩效管理者应重点关注那些顽固性的重点和难点问题。通过充分利用数字化管理平台的功能和优势，从根本上解决这些问题，推动绩效管理的持续优化。

最后，公共部门应充分利用数字化平台，构建一套科学合理的绩效评价体系。针对传统绩效管理中评价指标模糊、考核结果难以量化的问题，应积极引进现代化管理平台，结合部门实际工作情况，构建全方位的考核指标体系，并进行量化评定。同时，利用大数据平台构建连续性动态化的考核机制，特别是针对公众满意度考核项目，要确保利用互联网和大数据平台将民意调查结果真实、全面、客观地呈现出来。

（三）强化数据开放和公众参与

数字技术在赋能公共部门绩效管理的同时，也要"取之于民，用之于民"，通过公共部门数据开放推动公众参与公共服务。一方面，公共部门应制定数据开放需求清单，确定绩效数据开放的优先次序，主动开放群众关注度高、利用率高的公众数据，便于公众掌握公共部门绩效管理的真实状况，以便公众对公共部门绩效管理做出更为科学的评价。另一方面，公共部门应强化多部门信息开放与共享的统筹协调工作，在公共部门内部设立专职协调机构，对信息开放共享过程进行动态化监督管理，并根据部门实际情况设立专职监督岗位和监督人员。

第六章　公共危机管理与复合治理研究

第一节　公共危机管理的一般过程

公共危机管理紧密伴随着公共危机发生的过程。因此，对公共危机发生过程的深入分析，是理解和设计有效公共危机管理策略的前提和基础。公共危机的形成并非一蹴而就，它经历了一个从孕育、发生、发展到结束的渐进过程，尽管这些阶段在日常生活中可能并不显眼。公共危机的演变过程通常可以划分为四个阶段：前兆阶段、紧急阶段、持续阶段和解决阶段。前兆阶段指的是危机发生前各种潜在征兆显现的时期；紧急阶段则是关键性事件已经发生，事态急剧变化，需要迅速应对以防止危机进一步扩大的阶段；持续阶段则是危机事件得到初步控制，但仍须持续努力以彻底解决的时期；解决阶段则是危机事件得到全面解决，恢复正常秩序的阶段。针对这四个阶段，作为公共危机管理主体的政府部门和各类组织，必须根据危机发展的不同阶段特点，采取相应的应对策略。

一、监测防范阶段

公共危机的发生表面看起来是偶然因素的结果，其实质都是必然的结果。任何公共危机的发生前都会有一些前兆，有一些蛛丝马迹，只是有的征兆明显，有的不甚明显；有的一眼可以看出，有的则需要经验或者借助专门的仪器设备。因此，在这个意义上任何公共危机都是可以监测和防范的，不同的只是监测和防范的手段和要求不同。

监测防范是公共危机管理的第一个阶段，目的是有效地预防和避免公共危机的发生。在某种程度上，这一阶段是整个公共危机管理阶段中最重要的阶段。有效的监测防范可以把可能引起公共危机的因素消灭在萌芽状态，避免危机真正发生带来的危害。这一阶段需要做好以下四项工作。

（一）监测预报

监测预报作为公共危机管理的基石，其主要功能在于识别危机，为预防危机提供有力依据。由于公共危机的诱因多种多样，监测预报的方法与措施也因此而异。对于因自然因素或与自然因素相关的公共危机，如自然灾害，我们通常采用先进的观测仪器、技术和装备来收集灾害资料数据。这些数据不仅支持我们对灾害的分析、判断、预报、统计和科研工作，还为其他公共危机管理活动提供必要的信息。基于这些数据，结合灾害发生的历史规律，能够评估灾害爆发的可能性、强度和范围，并将评估结果及时传达给社会公众，以增强其危机意识并促使他们做好防范准备。例如通过对卫星云图的深入分析，结合洪水发生的历史记录，可以对洪水的水位进行精准评估，并将这些信息迅速传递给公众。对于由人为因素故意引发的公共危机，如群体性事件、人为破坏或恐怖活动等，监测预报则侧重于对社会现象的分析、调查，以及对社会经济发展过程中突出问题和矛盾的深入研究。结合国内外社会发展的历史经验，我们能够准确把握问题的实质，预测可能出现的矛盾冲突及这些冲突的时间、范围和强度。这些研究成果对于改善公共管理、减少社会矛盾、维护社会稳定具有重要意义。

（二）准备预案

并不是所有的公共危机都能够在事先可以得到准确的监测预报从而得以避免，很多情况下公共危机是难以准确监测预报的，也是无法完全避免的。因此，在做好监测预报的同时，要根据已经发生的及可能发生的公共危机的特点设计公共危机应对方案，做到有备无患，以免公共危机真正发生时，由于准备不足，缺少必要的手段和措施而手忙脚乱，无法控制局面。

在我国，对于常规性的公共危机，例如自然灾害中的洪水、地震、大火等，人们根据以往的历史经验，结合当前的自然社会环境特点，研究制订出一系列应对方案。但是，对于一些公共卫生突发事件准备不足。另外，对于一些社会性公共危机，我们的研究准备往往也是不充分的，即使有这种监测和防范意识，也缺乏有效的应对措施和方案。

（三）预案演练

预案的制订只是第一步，实际演练同样至关重要，不能让预案仅停留在文字层面。通过预案演练，不仅能提升实际工作人员应对危机的专业技能，提高管理能力和效率，还能深化管理人员的危机意识，并对公众起到防范教育的效果，从而增强整个社会的危机防范意识。此外，预案演练还能检验预案的完备性和有效性，及时发现存在的问题，以便进行修正和完善。

（四）危机教育

公共危机管理中的危机教育是一个至关重要的环节，它不仅仅局限于进行公共危机预案的演练，更需要在日常生活中加强对公众的危机教育，以树立社会大众的危机意识，并培养他们应对常见危机的技术和能力。

首先，危机教育应该成为公共教育体系的一部分。在学校教育中，应增设相关的课程和活动，向学生传授危机应对的基本知识和技能。例如通过模拟地震、火灾等突发事件的演练，让学生亲身体验并学习如何在危机中保护自己和他人的安全。同时，社会教育机构也应组织相关培训，为公众提供系统的危机应对知识和技能培训。

其次，媒体在危机教育中扮演着重要的角色。媒体应该通过广泛的报道和宣传，普及危机应对的知识和技能，提高公众的危机意识。例如在新闻节目中加入危机应对的专题报道，通过案例分析和专家解读，让公众了解危机发生的可能性和应对方法。同时，媒体还可以利用网络平台，如社交媒体和在线教育平台，发布危机应对的短视频、文章和教程，方便公众随时学习。

再次，政府和社区也应积极参与危机教育。政府可以制定相关政策，推动危机教育的普及和发展。例如通过设立专项资金，支持学校和社会教育机构开展危机教育活动；在公共场所设置宣传栏，张贴危机应对的宣传海报和标语；组织社区活动，如应急演练、安全知识竞赛等，提高社区居民的危机应对能力。

最后，危机教育应该注重实践性和应用性。除了理论知识的学习外，公众还需要通过实践来掌握危机应对的技能。因此，在危机教育中，应该注重模拟演练和实际操作，让公众亲身体验并学习如何应对危机。同时，还应该鼓励公众在日常生活中关注安全问题，及时发现并报告潜在的安全隐患，共同维护社会的安全稳定。

二、识别控制阶段

当公共危机不可避免地发生时，作为公共管理者，首要任务是迅速识别并认识到危机的存在。这一环节是危机监测预报的延续，也是危机控制的首要步骤，其重要性不言而喻。只有在危机真正爆发的第一时间内，准确识别并采取措施，才有可能扭转局势，化危为安。

然而，有时在危机已经显现的情况下，部分缺乏经验的管理者可能会轻视其严重性，甚至固执地否认问题的存在，从而错失了早期介入和果断应对的良机，导致危机进一步扩散，形成被动局面。

对于因社会矛盾引发的公共危机的识别，一个重要手段就是要做好信息收集、分析整理工作，加强调查研究，听取多方意见。既包括当事人的意见，也包括一般群众的意见；既包括领导的意见，也包括专家的意见；既包括赞成的意见，也包括反对的意见；既包括国内人士的意见，也包括国际人士的意见；既包括组织内部同志的意见，也包括组织外部人员的意见。做到兼听则明，客观准确公正地判断形势，找出问题的症结，对症下药。

公共危机发生过程中具有不断升级和不断扩散的特点。任何危机从开始到全面爆发都要经历一个逐渐升级的过程，在其升级过程中危害性破坏力也是逐渐增强的。在危机升级过程中，往往会形成连锁反应，使危机扩散到相关的其他领域，造成更大范围的公共危机，造成更加严重的经济社会秩序混乱。

一旦识别出公共危机，迅速采取控制措施至关重要，需要迅速构筑起一道"防火墙"来隔离危机，防止其进一步扩散。企业危机研究指出，危机扩散与危机处理之间存在时间差，这是因为危机爆发后需要召集相关部门的负责人或专家团队共同商讨对策，导致危机处理在时间上有所滞后。公共危机管理同样面临这样的挑战。如果无法及时采取正确的处理策略，一个危机尚未解决，可能又会有新的危机并发。因此，加快危机处理速度，并采取恰当的应对策略显得尤为关键。更为重要的是，我们需要在危机尚未扩散到更广泛的领域之前，预先设立预防措施和"防火墙"，以最大限度地降低危机的扩散影响。

三、综合处理阶段

随着公共危机的升级和扩散，这时就需要紧急启动危机应急预案，实行全方位的处理。尽管公共危机的种类各异，但是，在危机全面爆发和扩散的时候，一般需要动员和动用各相关部门和各种力量参与危机的管理，指挥决策、决策执行、通信运输、情报信息、医疗救助、社会治安、物资供应等系统都要参与。在综合处理阶段，公共管理者要处理好四种关系：一是决策与执行的关系；二是与管理对象的关系；三是与其他参与者的关系；四是与媒体的关系。

在综合处理阶段，面对复杂的危机局势，可能需要采用一系列非传统的技术手段来应对。以海湾危机为例，社会各界及世界和平组织可能会采取多种措施，如派遣维和部队、推动交战双方进行和平谈判、为受难民众提供人道援助等，旨在遏制危机进一步升级，减轻其带来的负面影响。在危机形势严峻、危险程度较高的紧急状态下，政府为了在最短时间内控制危机，恢复社会秩序，甚至可能会启动一系列强有力的危机对抗措施，如实施总动员、宣布戒严、进行军事管制、实施宵禁、暂时中止宪法或某些法律条文的执行等。这些措施旨在迅速稳定局势，将危机带来的破坏和损失降至最低。

综合处理阶段不仅要防止危机的进一步扩散，控制局面，而且要对受到危机侵害的人员进行妥善安置，解决他们的生活和生产问题，帮助他们与亲人团聚。如果有人员伤亡还要及时给予医疗救助，处理好善后工作。

四、评估学习阶段

评估学习阶段是总结提高，防止类似公共危机再次发生、提高管理水平的一个重要环节。这一阶段的任务是，调查危机发生的原因、评估危机造成的损失、形成改进管理工作的意见。

（一）调查危机发生的原因

危机发生后，在开展控制、救援等工作的同时，要立即展开对危机原因的调查。调查危机原因也是善后处理工作的一个重要方面。调查清楚危机发生的真正原因不仅可以为改进工作提供依据，而且也可以分清责任，查处相关责任人，告慰受害者及其亲属。

在开展危机原因调查之前，最重要的是要组建一个独立、精干、负责、高效的危机调查小组。调查小组的独立性体现在独立调查制度上。"探究危机事件诱因需要有一个独立于行政之外的司法体系和独立调查制度，具有相对的独立性并具有相当的权威性，以公正地甄别事件的诱因。"① 当公共危机事件发生后，若由涉事主体自行调查事故原因，往往会因其自身的利益关联而难以保持客观公正的态度，即使结果客观，也难以获得社会的广泛认可。

（二）评估危机程度

对于公共危机造成的损失进行恰当的评估是制定正确的公共政策的基础和前提，是分清有关人员责任大小的依据，同时也是救灾和赔偿所必需的工作。例如洪水过后，有关调查小组和专家进行实地考察和分析，对灾情的范围和程度进行评估，确定民政部门需要为受灾地区拨付多少救灾款，发放到哪些地区。有些情况下，评估工作还需要吸收保险公司专家参加，他们根据实际灾害的程度为保户提供财产赔付。如果由于公共管理不善原因造成的，公共管理机构也需要承担相当的法律责任，为受害者提供相应的精神和物质损害赔偿。

（三）提出改进意见

公共危机的发生并非由单一因素所致，但往往与管理上的疏漏紧密相关。因此，深入实际、细致调查研究，以发现真正的危机根源至关重要。我们需要对照现有的管理体制和方式，识别并弥补公共管理方面的不足。在此基础上，提出切实有效的改进意见，旨在防止类似危机再次发生，并将危机转化为推动改进和进步的机遇。然而，遗憾的是，许多实际管理部门在危机处理之后，往往忽视了评估学习这一重要阶段。他们错误地认为危机综合处理完毕即可直接进入恢复重建

---

① 薛澜，张强，钟开斌. 危机管理转型期中国面临的挑战 [M]. 北京：清华大学出版社，2003：88.

阶段，而未能认真审视管理层面的问题。这种态度导致他们过度强调外部客观因素，而非从自身管理角度寻找原因，敷衍了事，甚至掩盖事实真相，以避免承担责任。这种做法不仅无法从危机中吸取教训，反而为未来的危机埋下了隐患。

五、恢复重建阶段

这是公共危机管理的最后一个阶段。在此阶段，主要是对危机造成的破坏进行修复与重建，包括社会的、物质的、精神的和组织的等各个方面。

首先，是社会方面的恢复和重建，主要是指法律和社会秩序的恢复和重建。公共危机特别是一些社会原因造成的对立和冲突性危机，往往是与一定程度的法律失效、社会秩序混乱联系在一起的。法律和社会秩序的正常化是一切工作的前提和保证。因此，公共危机过后，一些不法分子经常会趁火打劫，为非作歹，这时公共管理机关就要加强社会治安，维护社会秩序，保障人民群众的生命和财产安全。

其次，是物质方面的恢复和重建，例如地震、洪水、大火等自然灾害之后，对于受到破坏的建筑物、道路桥梁、通信设施等恢复建设，以保障人们正常的工作和生活。一些由于社会矛盾引发的恐怖事件、群体性冲突等，也往往会带来相应的物质损害。例如洪水过后，一个重要的工作是恢复和重建家园，解决灾民的住房问题、灾民子女上学的校舍问题。

"最后，是对社会公众特别是危机当事人与受灾者提供精神和心理救助，抚慰他们受伤的心灵，帮助他们从危机的阴影中走出来，恢复生活的信心，恢复对社会的信心。这一点往往不被重视。受到危机侵害的人，特别是财产受到严重损失、失去亲人的群众，往往在危机后丧失对生活的信心，悲观绝望，甚至产生对社会的仇恨、对政府的不满。因此，公共管理部门需要及时做好这些人的思想工作，在给予他们提供必要的物质帮助的同时，注意与他们多进行沟通交流，帮助他们排解心中的忧郁。大众媒体也要多利用媒介的优势，为这些人架起心灵的桥梁。"①

---

① 龚维斌. 公共危机管理 [M]. 北京：新华出版社，2004：58.

在公共危机之后，特别是公共危机管理组织机构，也需要经历一个恢复与重建的过程。在危机应对期间，一些领导人和工作人员可能会因公殉职，导致职位空缺，需要迅速补充合适的人员以维持组织的正常运转。同时，也有一些人员可能在危机中表现不佳，无法胜任其职责，或者存在渎职失职的情况，这些人员需要进行调整或替换。此外，危机过后，组织可能会发现自身力量不足，需要扩充人员以增强应对能力。更为重要的是，通过深入调查危机的原因，可能会发现管理上的漏洞，如制度不完善、组织结构不合理、管理不严格等问题。这些问题都需要在危机结束后及时予以解决，推动组织进行必要的变革，以加强机构建设。

物质的方面恢复和重建是有形的，而社会和精神方面的恢复更多的是无形的，而组织管理的恢复和重建既有有形的成分也有无形的因素，它们共同构成了公共危机管理的最后一个阶段。这一阶段的恢复和重建并不是简单地恢复到危机前的状态和水平，而是应该利用这次危机全面地在更高的起点上向着更高的目标改革、建设和发展。组织管理的恢复和建设也应在更高层次上建设和发展，包括人员观念的更新、机构职能的合理化、制度政策的完善化和管理力度的增大等，管理水平应该更上一个台阶。

第二节　公共危机管理系统与运行

面对现代公共危机的多样性和复杂性，公共危机治理必须遵循全面危机管理的战略思想和基本原则。这种全面管理不仅体现在政府主导的反危机系统对各种类型公共危机的全方位覆盖，更体现在对危机事件及其状态的全过程把控。

根据危机影响的速度、深度和烈度，现代社会的公共危机可细分为四大类：龙卷风型危机，其特点是爆发迅速且消退也快；腹泻型危机，起初酝酿缓慢但爆发后迅速结束；长投影型危机，其爆发突然且后续影响深远；文火型危机，这种危机开始缓慢，逐渐升级，结束也同样缓慢，没有明显的爆发点。公共危机治理作为一个复杂的系统工程，需要在科学与务实的理念引导下实施全面管理，不断建构和完善公共危机管理系统及其运行机制。

一、公共危机预警系统

警之于先，防患未然，应该成为建构和运行公共危机预测预警系统及机制的指导思想。由各种严重自然灾害引发的危机是公共危机的主要类型之一。时至今日，人们仍然无法对许多种类的自然灾害实施有效的控制，如地震、海啸、台风、洪涝等等。但是，通过有效的预报预警可以使人们通过规避方式来避灾减灾。所以，对这些类型的危机进行预测预警，对于实施危机监控、防止危机侵害的扩大和升级、减少危机带来的损失，具有十分重要的作用。此外，其他一些类型的公共危机，例如经济类型、大规模烈性流行疾病类型等，也需要预测预警。

有效的公共危机预测预警系统和机制应具有如下主要功能特征：

首先，公共危机预测预警系统必须具备高度的敏感性。这意味着系统应持续保持敏锐的观测和信息捕捉能力，对可能引发危机的各种因素和危机征兆进行严密监控，以确保能在第一时间发现公共危机可能发生的迹象，从而提前做好预防和准备。

其次，系统应具有快速准确性。在危机发生前，一旦接收到相关信息，系统必须迅速进行科学地分析处理，做出准确的判断和预测，并对未来可能发生的危机类型及其潜在危害程度进行评估。而在危机发生后，系统应能够快速准确地收集、传递、识别、处理并持续发布危机的相关信息，为相关决策者提供可靠的决策依据，同时也帮助公众了解危机情况，参与危机治理。

再次，公开透明性是系统的核心原则之一。公众有权了解有关公共危机的信息，因此，危机的相关信息必须如实、准确、及时地告知公众。隐瞒真实信息只会加剧谣言的传播，引发社会动荡。

最后，多元合作性是确保公共危机预测预警系统有效运行的关键。虽然政府在危机管理中发挥着主导作用，但仅凭政府自身的资源是远远不够的。政府体制之外的其他社会组织和公众在危机信息的探测、获取、分析判断及预报预警等方面，同样能够发挥积极甚至是不可替代的作用。因此，建立多元参与、合作共治的机制，是保障公共危机预测预警系统高效运行的重要保障。

当代社会的公共危机预警体系是一个庞大复杂的系统，由若干子系统（如预警监测系统、咨询系统、组织网络和法规体系）共同构成。

公共危机预警系统的建立与维护、有关专业人员的培训等，需要投入大量的资金、人力和物力。各级政府对有关方面的投入必须做出强制性要求和规定。在各项经济社会发展的工程建设中，无论投资主体是谁，都要按照国家要求，将防灾减灾纳入工程设计，将所需资金纳入概算预算，用制度和法规保障突发灾害与灾害的预警投入到位。要把防灾减灾预警工作纳入国民经济和社会发展计划，使防灾减灾预警系统的建设、运行和扩展有坚实的经济基础和财政资源。各级政府的投入要与国民经济和社会发展相协调，并随着财力的不断增强而相应增加。

二、公共危机应急联动机制

危机应急管理是公共危机治理的核心。对于无法避免的危机事件，公共危机管理的权威指挥机构必须采取应急行动，迅速遏制危机的扩散和危害，对已经遭受危机侵害的地区实施紧急救援，最大限度地保护人民的生命财产安全。为能高效应对危机，必须构建公共危机应急联动体系。

应急联动，亦称为应急服务联合行动，其核心在于通过统一的电话号码接收公众的报警和呼救。这一系统建立了集中的指挥中心和接处警平台，有效整合了治安、消防、急救等应急部门，形成一个高效协同的有机体系。在此体系下，不同警种和应急联动单位能够迅速配合与协调，以对公共危机快速响应。应急联动建设的核心目标是通过对公众应急服务资源的整合，实现统一指挥和联合行动，为公民提供及时、高效的紧急救援服务，从而为社会公共安全提供坚实保障。当公民遇到任何紧急情况，只须拨打一个统一的电话号码，应急联动指挥中心便能迅速响应，并通过先进的计算机辅助决策调度系统，迅速配置相应的救援资源。这种集中投资、统一管理的模式，不仅加强了不同警种和联动单位之间的配合与协调，还打破了传统应急管理中条块分割、各自为政的局限。它实现了信息资源、通信手段及应急资源的优化配置与共享，极大地提升了应急管理的效率和危机处置的能力。

中国应急联动系统的建设，可以从以下方面入手。

一是在国家资源的支持下，创造条件探索管理体制的创新，改变目前各应急单位分属不同部门管理的现状，尝试对 110、119、120、122 等部门在行政体制上进行合并，纳入行政直属单位，在统一的行政体制下，实行综合联动应急救援。

二是打破现有多个指挥中心共存的状况，进行集中投资和管理，避免发生重复投资和重复建设，并保证设备的先进性。这样有利于节约资源，使分散的数据库和信息资源得以共享与联动，从而发挥更大作用。

三是完善统一调度指挥的法律和法规，使跨部门、跨警区和跨警种之间的相互配合、统一指挥与协调作战有法可依，在法律的框架内真正实现社会应急服务的联合行动。

四是确保强有力的技术支持。应急联动必须以先进的现代通信系统为依托，以 EIS（经理信息系统）接处警系统为核心，集成 GPS（全球定位系统）地理信息系统和计算机辅助决策预案系统为指挥平台。在统一的管理体制下，实现高度集中、统一协调行动，最大限度地提高应急联动的效率和水平。

一个健全的应急指挥系统对于公共危机的有效治理具有不可或缺的重要性。该系统由多个关键部分构成，以确保在紧急情况下能够迅速、准确地响应。首先，统一接处警系统负责整合来自各种网络和报警方式（如电话、手机、互联网、消防、技防、车载 GPS 等）的报警信息，并进行集中的接警和处警分类分级处理。这一系统确保所有报警信息都能得到及时、有效的处理。其次，联动单位处理与反馈系统允许各联动单位对来自指挥中心的案情进行迅速处理和反馈。这确保了信息的及时传递和问题的及时解决。指挥调度系统是应急指挥系统的核心，它包括指挥长系统、部门领导指挥系统、特殊环境指挥系统和移动指挥系统。指挥长系统主要用于重大事件发生时，通过电脑、音频等手段进行跨部门、跨警种的指挥调度，并实时监督各部门的处警情况。部门领导指挥系统则让各联动单位领导或值班室能够实时掌握全局的案情发展，并进行相应的指挥和监控。特殊环境指挥室系统是为危机情况如地震、核泄漏、空袭等设计的，确保指挥首长的安全，并在特殊环境下进行指挥。移动指挥系统则是对常规指挥系统的补充，使领导能够在突发危机情况下在指挥车、直升机或指挥舰上进行指挥。最后，计算机辅助决策系统为指挥人员提供科学决策的技术支持，包括目标定位、电子地图服务（GIS）、战术标绘系统、综合查询系统和主动预警系统等。

三、公共危机应急资源储备和保障机制

为了应对公共危机事件，常态下应急资源的充分准备具有重要的作用。如果平时应急资源准备不足，不但难以战胜已经出现的危机，还有可能引发新的危机。如洪涝灾害发生后，若应急资金短缺，救灾所需物资无法集结运送到位，就有可能引发疾疫流行，使洪涝灾害转化为公共卫生危机。对应急资源的准备，必须从以下方面着手：

一是基于各地公共危机应急预案、历史灾害危机数据的统计分析，以及结合政府财政能力和红十字会等非政府组织的实际能力，我们需要精心制订一个全面的危机管理应急资源储备总体计划。此外，针对每一种可能发生的危机，还应制订详细的物资储备分计划，以确保在紧急情况下能迅速响应。在制订计划时，我们应遵循一个重要原则：既要确保储备的物资能满足危机应急处理的需求，又要避免浪费。随后，根据这些计划，我们应设立专门的应急物资储备机构，负责应急物资的采购、存储和管理。

二是建立石油、粮食、棉花等战略物资的应急储备和应急供应制度，以保证在遇到战争、敌国封锁等重大危机时不会出现战略物资的短缺现象。

三是各级政府应当高度重视并切实做好危机管理的物资储备和设备维护工作。为确保在各类危机发生时能够迅速响应，对于通用物资储备的统筹和协调工作应由各级危机管理的常设机构负责。这样可以有效避免危机来临时各部门各自为政、资源调动不畅或浪费的情况发生。

四是建立应急物资的快速调运渠道和调运方式，一旦公共危机发生，就能在第一时间内把各种救援物资运送到一线灾区。为了提高救援物资储备和供应的效率，还需要地方政府与流通企业建立联系机制，特定企业保证在紧急状态下可马上调运粮食等救灾物资。一些地方采取救援物资储备和供应社会化的手段，与相应的供货商签订供货协议，一旦危机发生，就要求供货商在规定时间内将物品运到灾区。这种做法避免食品等有限定使用期的物品长期储存，有利于减少不必要的损失。

实践证明，通过市场机制增强救灾应急能力的措施在发生灾害的部分地区应用后，取得了良好的效果。

四、后危机时期恢复与重建机制

公共危机事件得到有效遏制，只是公共危机治理的一个重要阶段，并不意味着整个危机处置过程的结束。在此之后，社会的恢复与重建也是公共危机治理中不可忽视的一环。

后危机时期的恢复重建工作可分为四个方面：

首先，是从应急管理转向常态管理。在公共危机发生后，常态下的管理手段和措施已经不能适应危机管理的需要，进入紧急状态采取非常措施实施管理就成为必然。在这种情境下，政府权力扩张，其行为的强制性激增，公民的一些权利会受到限制。譬如在烈性疾病暴发之时，政府要求学校停课，要求在某些特定区域或范围的公民禁止出行或限制行动的范围，依法对受感染人员进行隔离，对疑似受感染人员进行严格的检查，等等。这些紧急措施会对公众的权利和常态生活产生很大的影响。但是，为了公共利益的大局，这些政府行为是必需的。然而，危机过后如果不能及时从应急管理转换到常态管理，同样会给公共利益带来损害。因为在紧急状态下政府权力扩张，拥有常态下不可能获得之权力，如果不能很快恢复到常态，就会对公民权利造成侵害，甚至导致权力的滥用和误用，破坏社会的正常运行。

其次，制定政策，使社会生活恢复常态。危机之后，百事待举。"政府必须尽快推出相关政策，恢复社会秩序，安定社会生活。这包括以下方面：重整法治，使经济社会运行重新进入有序轨道；修复被破坏的公共基础设施，以利于国计民生；疏通调节供需渠道，为公众提供生活日常和急需物品，保障公众的正常生活；对受危机影响的民众进行有针对性的心理指导，帮助他们摆脱危机阴影，提振对未来的信心；给予各类公司企业必要的指导和帮助，使其尽可能减轻危机造成的损失，推动其尽快启动生产运行。"[①]

---

① 黄健荣.公共管理导论 [M].南京：南京大学出版社，2013：352.

　　再次，在危机后重建工作中，整合各方资源至关重要。不论是人为因素还是自然环境变化导致的公共危机，都可能对受影响地区，特别是核心区域造成巨大甚至毁灭性的破坏，涉及政治、经济、社会秩序、公共基础设施、民众财产及经济生产活动等多个方面。因此，危机后的重建工作不仅时间紧迫、任务繁重，更需要充分保障财力物力资源、智力人力资源等各种资源的支持。为了有效应对这一挑战，我们需要在地区、区域、全国乃至国际层面上整合资源，以推动重建工作的顺利进行。

　　最后，总结经验教训，以利于未来的危机治理。危机给社会带来巨大的破坏和伤害，但在某种程度上，每一次危机都会给人们带来很多的深刻反思，通过总结处置危机的经验教训，对危机发生的原因、危机处置过程进行深入分析，对事前之预警、事中之危机应对预案的实施及应急救援决策与措施的评估，吸取教训，对改进今后的危机治理工作具有重要的意义。不仅是政府，社会其他组织与公众都应积极反思危机事件处置之得失及其因由，这样做就有利于变危机为机遇，促进危机治理观念转变、组织变革和政策创新，从而把危机作为契机，推动社会进步。

第三节 公共危机管理中新媒体的运用

一、新媒体对公共危机管理的双重影响

新媒体是一种可以实现"所有人对所有人的传播"的媒体形态，其大容量、实时性和交互性等特点，对公共危机管理具有双重影响。

（一）积极影响

从积极影响的角度来看，新媒体在公共危机管理中具有显著的作用。

首先，新媒体的海量信息为提前预测预警提供了有力支持。作为一个巨大的信息资源库，新媒体在危机潜伏期能够成为政府的信息触角。通过对网络信息的提取和监控，政府可以追溯危机产生的源头，实时追踪其传播趋势，预测公共危机发生的概率，并预先判断危机可能带来的负面影响，从而提前进行干预和准备。

其次，新媒体的实时传播特性极大提高了危机处理的工作效率。政府可以充分利用新媒体的迅速传播能力，将危机情况和管理措施快速、广泛地传达给公众。通过线上线下同步报道危机事件，政府可以更加精准、及时地传递危机信息和决策，有效维护社会秩序的稳定。

再次，新媒体的公开透明特性有助于加强公众的监督力度。在公共危机发生和发展的各个阶段，新媒体可以作为政府和公众之间信息传递的桥梁，全面、多维度地向公众展示危机事件的内容及相关信息。这种传播方式确保了公众对危机信息的知情权，同时也推动了政府信息的公开透明。

最后，新媒体为改善政府与公众之间的沟通效果提供了重要桥梁。新媒体的介入使得政府公共危机管理更加灵活，增加了政府与公众直接接触的机会。通过构建全新的信息公开平台，政府可以实现与公众的实时互动和沟通，有效地引导公共舆论，缓解和化解危机。

（二）消极影响

从消极影响方面看新媒体在公共危机管理方面具有以下影响。

一是信息失真，影响政府公信力。新媒体基于互联网技术及赛博空间，其用户天然具有虚拟性，"三微一端"甚至某些权威媒体的公众号所发布信息的真实性有时都有待验证。同时，由于新媒体开放性强，把关弱化，受众与传播者界限模糊，若有人恶意散播不实消息，在新媒体病毒式传播效应的叠加下很容易导致危机事件进一步发酵，从而削弱政府话语的权威性。

二是受众庞大，加剧危机蔓延。新媒体传播具有空间脱域化特征，危机一旦爆发随即就可以扩散到更大地域范围，导致危机的恶性扩大化。

三是传播迅速，缩短反应时间。新媒体信息传播速度高，压缩了潜伏期和爆发期之间的时间间隔，在时效性方面给政府应对公共危机带来很大挑战。

四是运用广泛，增加风险不确定性。任何公众都可以运用新媒体发表意见，这容易给不法分子造成可乘之机，使危机诱因更加复杂，加大了危机管理难度。

二、公共危机管理中的新媒体运用存在的问题

我国在运用新媒体应对公共危机事件时仍存在不足，主要体现在以下四个方面。

首先，自有新媒体的利用率偏低。部分政府部门对新媒体在即时传播领域的主流地位认识不足，重视程度不够。据统计，全国政务微博中粉丝众多、活跃度高的仅占极少数。这些政务新媒体多以文字等传统形式为主，政策传达多而深度解读少，官方指示多而民众互动少，内容深度有限且更新不及时。

其次，信息处理效率不高。在移动社交时代，社交媒体已成为信息的主要集散地，全天候传播成为常态。然而，一些地方政府在公共危机发生后，对事件的反应速度远不及网民的关切程度，信息发布不及时、不详细、不准确，对失实报道和信息的主动应对不足，导致谣言难以控制，引发公众对政府工作的质疑。

再次，舆论引导效果不佳。新媒体时代，信息的传播速度和广度极大提升，舆情的不可预测性也随之增加。一些地方政府在处理公共危机时，利用新媒体进

行舆论引导的能力有限，时机把握不当，方式不合理，导致权威信息的传播范围受限，难以掌握舆论主导权，舆论引导效果大打折扣。

最后，新媒体监管力度有待加大。部分地方政府对新媒体监管的重视程度不足，监管组织不力、能力不足、技术手段落后，难以实现对危机信息的有效监测、预警和引导管控。

三、公共危机管理中新媒体运用的优化策略

融媒体背景下，各类媒体多功能一体化的融合趋向逐渐凸显，多平台多形态的媒体矩阵形成，信息内容、运营平台、传播介质、传播渠道等呈现出明显的互动性、拓展性、即时性等特征。这使得政府在公共危机管理中往往要面对比危机事件本身更加复杂多变的不确定局面。同时，随着信息传播途径的日益多元化，社会大众的参与意识和能力显著增强，同时社会组织的活跃度也在不断提升。这些因素共同推动了公共危机管理中管理主体、管理渠道、管理方式的多元化趋势。为了回应社会各界的关切，政府不得不持续创新网络信息传播管理手段。在公共危机管理中，政府必须紧密结合当前的新形势和新任务，积极创新危机管理中新媒体的运用方式，以实现对危机信息传播及舆情的精准监管和有效引导。

（一）提高新媒体运用的主动性

政府要转变思路，提高公共危机管理的新媒体运用能力。

一是培养新媒体思维。进一步转变观念，改变旧有的媒体认知，用新眼光新思维正视、接纳和研究新媒体，深刻认识新媒体对于公共危机管理的重要作用，将新媒体技术运用作为政府公共危机管理的有力助手，更加注重运用新媒体应对危机信息，加强与公众的交流互动。

二是形成主动沟通思维。要坚持实事求是、以人为本的价值取向，尊重公众的知情权，充分、灵活运用各种新媒体平台与渠道及时发布消息，回应社会关切，注重与公众的沟通，实现危机管控过程公开化、透明化。

三是增强协同治理思维。针对新媒体的多元主体特点，进一步强化协同理念，在危机管理中注重管理主体和管理过程的协调一致，依托网络信息技术，推

进多元主体间的有效协调和良性互动。

四是增强媒介融合思维。充分顺应媒体融合趋势，在管理中注重推进"新旧"媒体整合，既发挥新媒体速度快、范围广的优势，掌握舆论主动权，又发挥传统媒体权威性、专业性的优势，提高政府舆论引导能力。

（二）增强舆情应对的专业性

媒体运用作为一个专业性强、规律特性鲜明的领域，确实需要持续加强其专业化组织机构的建设。以下是三个关键的加强方向。

首先，应设立专门的机构。政府应当构建专职的新媒体管理机构，明确其职责和任务，并建立健全科学、规范的管理体系。例如在应急指挥体系中设立专门的新媒体工作常设机构，由应急管理职能相关的部门联合办公，统一负责公共安全信息的管理和新媒体的运营业务。

其次，要重视专业人才队伍的建设。政府应主动引进新媒体领域的专业人才，同时加大对危机防控和新媒体技术等方面的知识培训力度，以提高相关工作人员在新媒体运用方面的能力。此外，还须注重从一线实践中选拔优秀人才加入新媒体运营队伍，打造一支政治立场坚定、业务技能精湛、工作作风扎实的专业人才队伍。

最后，要搭建高效的沟通平台。政府应积极建设自有新媒体平台，如官方微博、微信公众号、头条号、抖音号等，并根据工作需要准确定位平台功能。同时，加强平台的运营维护，增强在线交流互动，保持官方账号的活跃度。这将有助于拓宽政务信息的传播渠道和方式，提高政府在新媒体时代与公众的沟通能力。

（三）加强危机应对的统筹性

一是健全监测预警机制。加强公共危机舆情监测预警是政府积极应对公共危机的关键环节。设立舆情监测预警专门部门，整合应急管理相关部门及媒体多元力量，确保信息监测收集、分析、评估、预测及预警工作有效展开。

二是健全舆论引导控制机制。在公共危机发生时，及时利用多种新媒体渠道和平台进行回应，注重双向互动开展网络议程设置，对群众集中反映的重点诉求和有针对性的质疑，及时做出权威回应。

三是健全考核问责机制。及时剖析危机爆发和平息的全过程，总结公共危机信息处理和舆情应对的经验与不足，持续完善危机管理的制度机制，提升公共危机管理能力。"突出信息维护、舆情监测、舆论引导等重点，强化对政府运用新媒体的考核。"①

（四）提升依法管理的长效性

一是制定新媒体监管法律法规。我国已经出台了《互联网信息服务管理办法》等法规，应进一步借鉴国外成熟经验，加快新媒体立法工作，针对各类新媒体工具的运用制定具体规范，明确行为边界，重点以有利于危机事件解决为原则，对新媒体信息报道做出规范，保障公共危机中新媒体合理合法地参与。

二是引导行业制定自律准则。建立地方新媒体行业协会，加强对行业的监督指导，鼓励支持行业协会组织制定对新媒体运营商等相关主体的规范性制度规定，积极推行新媒体履行社会责任报告制度，促进新媒体行业自我规范、自我净化，推动新媒体在公共危机事件中更好地发挥民意上传、政意下达的桥梁作用，最大限度地维护公共利益。

第四节　公共危机的复合治理探究

一、公共危机复合治理的内涵与特征

"复合"一词最早是文森特·奥斯特罗姆在《复合共和制的政治理论》一书中提到的，虽然他没有明确解释复合的意思，但主要是指权力的配置方式——权力应该是"多中心"的。他认为："如果在整个国家只创建了一个单一的政府权

---

① 张越. 论公共危机管理中新媒体的有效运用 [J]. 学习与实践，2020（8）：84-85.

威中心，规模原则所固有的寡头倾向就会使一个派别轻易地支配其他利益群体。在复合共和制中，不存在任何单一垄断的公共权威。建立多个代表不同利益群体的权威，每一个权威均为共和制原则所支配。适当的结构才是复合共和制有别于单一共和制的核心所在。"① 复合共和制作为一种政治理论，其核心要素在于通过实体和程序上的安排来确保个人权利，进而对政府权力形成有效制约，实现有限政府的理念。实际上，单一的治理机制往往伴随着一系列问题，这些问题最终可能导致政府治理的失效。政府治理的失效主要呈现为三种基本形式。首先，结构性失效。这表现在两个方面：一方面，是国家治理能力疲软，无法有效履行其维护社会秩序和安全的职责，更无法保障市场和公民社会的正常运行；另一方面，是国家与公民社会、市场之间的关系失衡，国家权力过度扩张，侵犯了后两者的自主空间，进而引发它们的功能失效。其次，制度性失效。通常指的是某些规则和制度存在明显的不足或缺陷。具体表现为以下方面：在安全问题上缺乏必要的制度设计，形成制度真空；虽有制度但执行不力，无法实现预期效果；以及已建立的制度不适应现实条件，造成制度不适应。最后，政策性失效。尽管政府治理失效不一定会直接导致社会不安全，但周期性的政策失误却可能引发制度失效，进而对整个治理结构产生深远影响。因此，为了应对公共危机，改变单一的治理结构，转向复合治理成为迫切的需求。

要减少以政府或国家为中心的单一治理机制的失效，就必须采用新的治理机制。复合治理机制的出现为这一问题的解决提供了新的思路。有论者认为，复合治理的特征主要有五个方面。第一，复合治理由多个治理主体组成。包括国家组织、非政府组织、企业、家庭、个人在内的所有社会组织和行为者都是治理的参与者，不能被排斥在治理过程之外，更不能被剥夺享受治理结果的权利。第二，复合治理是多维度的。这既体现为地理意义上的纵向多层次，从村庄、部落，到国家、区域乃至全球范围；也表现为治理领域横向的多样性，人类活动的任何领域都需要治理。第三，复合治理也是一种合作互补关系。只有合作，国家、市场及公民社会这三大现代治理机制才能有效地发挥作用，并弥

---

① ［美］文森特·奥斯特罗姆. 复合共和制的政治理论［M］. 毛寿龙译. 上海：上海三联书店，1999：6.

补相互的缺陷。而且，这种合作不仅仅是民族国家内部的，而且是国际性的和全球性的。第四，个人是复合治理最基本的单位。尽管复合治理需要制度安排，并且是通过它来规范行为者的，但是要使治理可持续运行，必须提高个人的自觉性和能动性，只有他们具有风险意识，把制度安排贯彻到行动中，才能最大限度地降低风险。第五，复合治理的目标就是及时地解决问题。风险的空间扩大性和时间延展性，使得风险的应对必须从时时处处入手，避免风险扩散由可能性风险转化为后果严重的风险。

综上所述，复合治理是以政府或国家为主体，多个部门并存的社会公共事务管理模式。它是建立在市场原则、公共利益、认同与共识基础之上的，国家与公民社会、政府与非政府组织、公共机构与私人机构的合作互补，从而增进社会公共利益的一种治理机制。也就是说，政府、市场与社会构成了公共危机治理的基本框架。

公共危机治理本质上是一个涉及治理资源整合、配置及效用最大化的过程。之所以强调政府、市场与社会三者的合作共治，是因为以上三者各自在单方面配置资源时均存在局限性。社会资源配置过程中，市场可能失灵，政府也可能遭遇失败或失效。单纯依赖市场机制无法实现资源的最佳配置，而仅仅依靠政府的计划和行政手段同样难以确保资源的高效利用。值得注意的是，这两种机制并非简单的互补关系。市场失灵并不总是意味着政府的积极干预就能立即解决问题；反之则反是。这是现代国家治理者必须深刻认识的重要课题。因此，社会公共事务的管理必须建立在政府与公民社会的合作之上，实现政府、市场与社会三种力量与机制的良性互动和有效制衡。

这三种力量各自拥有独特的运行方式和机制：政府以官僚制为基础，由权力驱动，强调制度规则、程序与等级控制；市场以利益为驱动，通过交易与竞争实现资源分配；而社会力量则由价值认同的共识所驱动，基于互动互惠的协商合作来运作。虽然每种力量都有其特定的优势和适用环境，但总体功能各有利弊。在公共危机治理中，通过三种力量与三种机制的协调合作，实施复合治理，能够充分发挥各自的优势，实现机制间的互补增益，进而达到资源的强劲动员、高效整合与配置，从而发挥总体效用的最大化。

二、公共危机复合治理可能出现的困境及其救治

实施公共危机复合治理有许多优势，能够很好地发挥各方面的积极性。但是，在实践中也还会存在一些问题。

第一，"政府作为复合治理主体，自身存在的条块分割会严重制约危机的处理与控制。随着公共危机频发的挑战日益严峻，如何打破条块分割的体制掣肘，提高政府应对危机事件的技术和资源整合能力，是不容回避的重要问题。"[①]

第二，当下中国第三部门的发展依然困难重重。第三部门组织的参与对于优化公共决策、推动社会公正与平等具有显著作用，同时也在监督政府行为、促进公共利益实现方面扮演重要角色，特别是在公共危机治理中发挥着不可或缺的作用。然而，鉴于中国第三部门尚处于起步阶段，其成长过程中面临着诸多挑战，这在一定程度上制约了其在公共危机管理中的效能发挥。这些挑战主要包括：行政干预仍然较为显著，政府提供的支持尚显不足，法律保障体系有待完善；作为新兴的社会力量，第三部门的社会公信力有待进一步提高，这直接影响了其资金筹集的难度；一些第三部门组织在宗旨使命的明确性、竞争机制的引入及管理效能等方面存在不足，影响了其整体运行效率；此外，第三部门组织的成长和发展需要大量优秀人才的加入，但目前中国第三部门的现状难以吸引和留住这些专业人才。

第三，公民公共精神和公民文化的缺失。在当代社会，应对公共危机实际上也是对社会公民道德和公民精神的大检验。但是，在现实中仍有诸多不尽如人意之处。有些民众在面对公共危机时缺乏积极主动的参与精神与奉献精神；有些人私字当先，保身保财作壁上观。这些都表明部分人公民意识与公共精神的严重缺失。公民精神对公民社会的成长发展至关重要。公民精神，是社会成员应秉持的对社会公共利益认知、维护和奉献的理念，是把公共利益视为优于、先于和高于个人利益的道德取向，是对于社会公共生活对社会成员所要求的行为准则和规范的认可与遵从。公共精神是公民社会得以成长的重要思想资源，也是现代社会公

---

① 黄健荣. 公共管理导论 [M]. 南京：南京大学出版社，2013：359.

共管理得以有效运行的必不可少的价值基础。具体而言，公共精神包含民主精神、法治精神、公正精神、服务精神、奉献精神、责任精神与自律精神等要素。因此，培育和弘扬公民精神与公共精神是应予以高度重视的重要问题，它是促进公共危机复合治理的核心要素之一。

破解上述问题需要从以下三个方面努力。

首先，要打破政府内部及其与公共组织体系间的条块分割，提升政府的资源整合与治理能力，政府作为公共权力的核心掌控者、公共事务的关键管理者及公共服务的重要提供者，必须在公共危机管理中扮演核心协调者和资源整合者的角色。为实现这一目标，需要采取制度创新及法治手段，消除政府体系内部及与其他公共组织间的隔阂。具体而言，应确保政府各部门、各系统之间，以及政府体系与社会其他体系间能够实现资源的有效协调与共享。在协调过程中，应妥善处理局部利益与全局利益、部门利益与地方利益、短期利益与长远利益之间的关系，确保国家利益与整体利益的最大化。同时，推动政府职能转变至关重要。这要求合理划分政府的事权，并构建一套能够高效协同、全方位运作的综合协调机制。

其次，积极培育和发展第三部门，充分发挥其在公共危机复合治理中的作用。发达国家第三部门发展的资金 30% 以上来自政府资助，这对中国具有重要的借鉴意义。如果政府给予适当的资助，不仅有助于解决第三部门组织的生存问题，而且政府让渡出来的大量服务性工作也能够较好地得到第三部门的承担，从而实现政府所期望的目标，增强第三部门组织的服务功能。公共物品供给的转移，政府可以采取向第三部门组织购买的方式，通过实行公开招标和公平竞争的方式来进行。第三部门也要加强自身的能力建设，提高其组织的生存能力、竞争能力及组织管理能力，这是中国第三部门组织在能力建设方面的紧迫任务。对于人力资源的缺乏问题，政府要能够提供政策资源予以支持。一方面，拓展志愿者资源；另一方面，可以通过对员工和志愿者的培训来提高志愿者的能力。培育和促进第三部门组织的发展，不仅是培育和壮大政府的良好合作伙伴，而且是培育和壮大对政府行为实施有效监督制约的可靠力量，其现实意义自是不言而喻。这对于强化和优化公共危机复合治理同样意义深远。

最后，培育和弘扬积极的公民精神。公民社会的蓬勃发展离不开公共精神的滋养和推动。为了激发公民社会的活力，需要以善治理念为指引，重新投资公民资本。这包括两方面的努力：一方面，要通过积极创新的制度设计，加速政府管理的民主化和法制化进程，以满足公众日益增长的服务需求。同时，必须加强对政府工作人员的教育和培训，培养他们的责任感和公共精神，确保他们在服务公众的过程中始终秉持公正和透明的原则。另一方面，必须加强对公民的教育和引导，增强他们的公民意识和公共精神。要鼓励公民无论是作为个体还是群体，都能以积极的姿态参与公共事务，承担起应有的政治与社会管理责任。这不仅包括参与政策制定和执行，也包括对公共问题的关注和讨论，以及对政府工作的监督和评价。此外，还需要积极培育第三部门组织及其政治参与能力，为公民社会的发展提供有力支持。通过建立健全的法律保障机制，确保公民在公共事务管理中的知情权、表达权、批评权、参与权和监督权得到充分保障。同时，各级政府、政府官员与公民之间能够建立起更加紧密和信任的关系。在相互尊重和包容的基础上，共同培育出一种"合作型管理文化"，使政治国家和公民社会能够在相互依存的环境中共同分享公共权力，有效管理公共事务，共同应对公共危机的挑战。

参考文献

[1] 王伟，黄晓艳，于淑娟. 公共管理服务与金融经济发展研究［M］. 长春：吉林人民出版社，2022.

[2] 楚明锟. 公共管理导论［M］. 武汉：华中科技大学出版社，2011.

[3] 竺乾威，朱春奎，李瑞昌. 公共管理导论［M］. 北京：中国人民大学出版社，2019.

[4] 赵京国. 公共管理理论与实践探索［M］. 长春：吉林人民出版社，2021.

[5] 杨艳. 公共管理［M］. 北京：国家行政学院出版社，2005.

[6] 梁仲明，李尧远，周明. 公共管理导论［M］. 北京：清华大学出版社，2012.

[7] 丹尼斯·缪勒. 公共选择［M］. 张军，译. 上海：上海三联书店，1993.

[8] 查尔斯·沃尔夫. 市场或政府——权衡两种不完善的选择［M］. 谢旭，译 北京：中国发展出版社，1994.

[9] 亚力山德拉·贝纳姆. 交换成本的测量［M］. 刘刚，等译北京：经济科学出版社，2003.

[10] 彼得·德鲁克. 管理的实践（中英文双语版）［M］. 北京：机械工业出版社，2020.

[11] 罗伯特·巴克沃. 绩效管理：如何考评员工表现［M］. 陈舟平，译北京：中国标准出版社，2000.

[12] 理查德·威廉姆斯. 组织绩效管理［M］. 蓝天星翻译公司译. 北京：清华大学出版社，2000.

[13] 张成福，党秀云. 公共管理学［M］. 北京：中国人民大学出版社，2001.

[14] 黄健荣. 公共管理导论［M］. 南京：南京大学出版社，2013.

[15] 詹姆斯·N. 罗西瑙. 没有政府的治理［M］. 张胜军，等，译. 江西人民出版社，2001.

[16] 格里·斯托克，华夏风. 作为理论的治理：五个论点［J］. 国际社会科学

杂志（中文版），2019（3）：23-24.

[17] 徐增辉. 新公共管理视域下的中国行政改革研究 [M]. 广州：中山大学出版社，2009.

[18] 科斯. 论生产的制度结构 [M]. 盛洪，陈郁，译. 上海：上海三联书店，1994.

[19] 易宪容. 新制度经济学与中国经济研究 [J]. 社会科学战线，1999（6）：25.

[20] 王义. 西方新公共管理概论 [M]. 北京：中国海洋大学出版社，2006.

[21] 迈克尔，麦金尼斯. 多中心体制与地方公共经济 [M]. 毛寿龙，李梅，译. 上海：三联书店出版社，2000.

[22] 埃莉诺. 奥斯特罗姆. 公共事务的治理之道：集体行动制度的演进 [M]. 余逊达，陈旭东，译. 上海：三联书店出版社，2000.

[23] 李超，张志勇. 多中心治理理论对中国公共管理改革的启示 [J]. 辽宁工程技术大学学报（社会科学版），2014（4）：371-373.

[24] 任伯琪，胡承波. 论新公共管理对我国公共管理模式的启示 [J]. 商业经济研究，2010（13）：92-93.

[25] 郝晨光. 当代公共决策科学化发展的新趋势 [J]. 改革与开放，2019（23）：48-51.

[26] 伯曼. 公共部门人力资源管理 [M]. 萧鸣政，等，译. 北京：中国人民大学出版社，2008.

[27] 朱晓卫. 公共部门人力资源开发与管理研究 [M]. 哈尔滨：黑龙江人民出版社，2003.

[28] 夏亮，丁建华. 公共部门人力资源管理中的激励问题 [J]. 中国人力资源开发，2004（6）：34.

[29] 王雨寒. 公共部门人力资源管理数字化转型 [J]. 人力资源，2022（14）：148-150.

[30] 戴维·奥斯本，彼德·普拉斯特里克. 摒弃官僚制：政府再造的五项战略 [M]. 谭功荣，等，译. 北京：中国人民大学出版社，2002.

［31］刘旭涛. 政府绩效管理：制度、战略与方法［M］. 北京：机械工业出版社，2003.

［32］张泰峰，Eric Reader. 公共部门绩效管理［M］. 郑州：郑州大学出版社，2003.

［33］欧文·E. 休斯. 公共管理导论［M］. 彭和平，等，译. 北京：中国人民大学出版社，2001.

［34］张家宁. 浅析数字赋能公共部门绩效管理［J］. 营销界，2023（8）：158-160.

［35］薛澜，张强，钟开斌. 危机管理转型期中国面临的挑战［M］. 北京：清华大学出版社，2003.

［36］龚维斌. 公共危机管理［M］. 北京：新华出版社，2004.

［37］张越. 论公共危机管理中新媒体的有效运用［J］. 学习与实践，2020（8）：82-85.

［38］文森特·奥斯特罗姆. 复合共和制的政治理论［M］. 毛寿龙，译. 上海：上海三联书店，1999.

［39］韩兆柱，刘新奇. 新公共治理理论：历程、现状和前瞻［J］. 学习论坛，2023（3）：77-79.

［40］梁忠民. 公共管理导论［M］. 北京：清华大学出版社，2012.